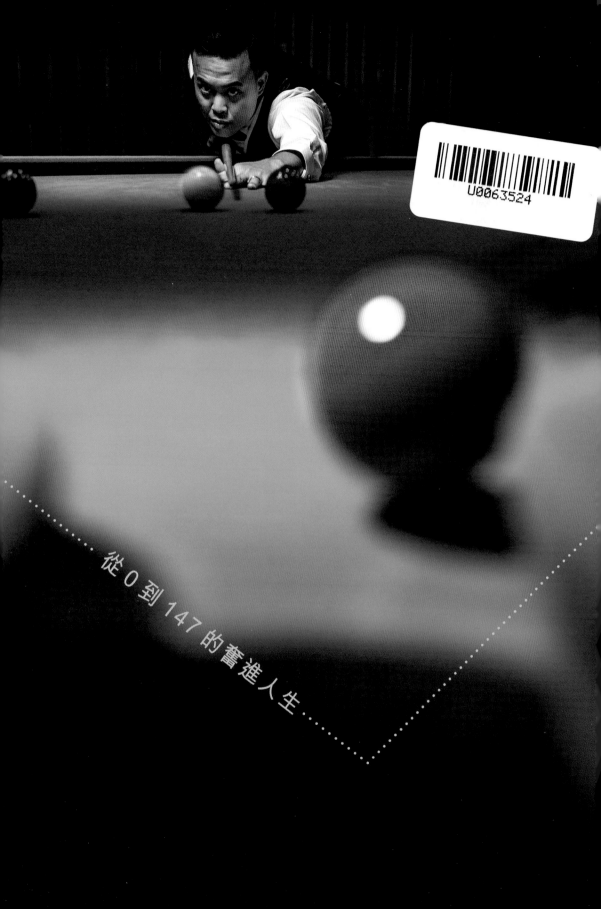

從 0 到 147 的奮進人生⋯⋯

亨特利
—— 七屆世界桌球冠軍

Stephen Hendry

When Marco Fu is on top form, he is my favourite snooker player to watch. He plays the game with a minimum of fuss, he sees the correct shot quickly, and just gets on with it.

He is a very easy player to commentate on because he plans exactly the same shots that I would have played. Off the table he is an absolute gentleman and a credit to his family and Hong Kong itself.

I have known Marco since he came to Scotland more than twenty years ago to practise in Spencers Snooker Club where I practised. We had some great sessions together and there were lots of days when I just picked the balls out for him.

I can honestly say he hasn't changed, except now, as a player he has become one of the best players in the world and should continue to win many more titles in the future and possibly become Asia's first World Champion.

在狀態的傅家俊，是我喜愛觀看的桌球手之一。他在比賽中不忙不亂，快而準地知道如何作出決定並把球送入洞。

擔任桌球評述時評價他很容易，因為他打球的思路與我一樣。撇開桌球，他絕對是一名謙謙君子，有關這個，他的家人與香港都應記一功。

二十多年前當傅家俊來蘇格蘭的 Spencers 桌球會練習時，我就認識他了。那時我們經常一起練習，有不少日子我只能替他拾球。

老實說，他沒有改變，仍是那個謙謙君子。然而作為運動員，他進步了並已成為世界其中一位最頂尖的球員，他應該還會繼續贏取更多錦標，甚至成為亞洲首位桌球世界冠軍。

奧蘇利雲
—— 五屆世界桌球冠軍
Ronnie O'Sullivan

I heard about Marco was when he first came to England as a young pro, he was always with his dad Willie.

I first played him at the Grand Prix at Preston and I remember feeling pretty good about my game, I was playing well. It's never easy competing against someone that you've never played before, in his case I'd never even seen him play at all.

Marco made five single table visits in the whole match, winning each frame from one scoring opportunity and anyone who can do that is a world class player.

He made the final of that event and from that moment on all the players knew Marco was going to be a top top player. Aside from being world class on the table, he's also a top guy off it. You won't find one person who has a bad word to say about him, a gentleman of our sport and a class act.

I remember one of our first chats together, he was asking me where he should base himself in the UK, I said get yourself to Stirling in Scotland and go play with Stephen Hendry.

One particular thing I admire about Marco is that he has always tried to be the very best player he can, only recently I'd noticed he'd changed some things in his technique, always such a hard thing to do as a player when something has served you well for nearly twenty years. It takes courage.

But he was right to change and I believe he is now a much more dangerous opponent, probably just had one of his most consistent seasons as a professional winning the Scottish open, and beating many top players en route, doing it in a stylish manner of heavy scoring and good match play.

Marco is also very grounded about it all, take for example when I played him in the semis of the 2017 Masters. In the heat of our battle there he was giving his young daughter a smile, Marco has always put his family before his snooker. For me it's this quality that you have to admire more than anything.

In our sport, most players need to be selfish and driven to succeed, not Marco. He always thinks of what is best for his wife and daughter, it's a good lesson for me and all sports people out there. Marco shows us all that you can have that balance of a good family life and still be a top sportsman at the same time.

最初聽聞傅家俊這名字，是他初來英國當職業球員的時候，那時他爸爸 Willie 長伴左右。

我們的首次對賽是在 Preston 舉行的格蘭披治，還記得當時感覺良好，覺得自己打得不錯。與一個從未交過手的人對賽，從來不是一件容易的事，更何況我當時從未看過他打球。

Marco 那場一 cue 清檯五次，每次都是一 cue 便贏了一局，所以能夠有如此表現的球員都是世界級的。

那項賽事，他最終殺入了決賽。自此，全球所有球手都知道傅家俊將會是一位頂尖球員。場上，他是世界級球員；場外，他亦是一個頂級好人。你不會聽到有人說他丁點兒的壞話，他是桌球界的紳士。

記得在一次早期的交談中，他問我應在英國何方「落腳」？我告訴他往蘇格蘭的 Stirling，跟亨特利一起練習切蹉。

我特別欣賞傅家俊一直盡其所能，努力成為最優秀一員。我最近才發現他改變了他的那套波，要改變持之有效近二十年的球路，從來都不是一件容易的事。這需要勇氣。

但他的改變是正確的。我認為現在的傅家俊是一位更具威脅力的競爭對手，而他剛剛亦經歷了一個最穩定的職業球季，晉級期間不但殺退多位高手，力取得連綿高分並打出漂亮的桌球，最後贏得蘇格蘭公開賽冠軍。

除此之外，傅家俊也是很「真」的，就以他與我在 2017 年大師賽四強那場賽事為例，在激戰當中，他還能對他的幼女報以微笑。傅家俊一直把家庭放在事業之上。對我來說，就是這種情操已經勝過一切，令人欽佩不已。

在我們的圈子裏，很多球手為了成功，只顧自己，不顧一切，但傅家俊不是這樣。他一直以妻女為先，對我和其他所有運動員來說，這真是一個很好的榜樣。Marco 證明給我們看，人擁有美好家庭的同時，也可以是一名頂級運動員。家庭與事業，可以兼得。

當運動員、難！
—— 劉德華

太多太多人會奉勸你
再三考慮一千次！
但我懇請⋯⋯
在你能力許可下
不妨認真去做一次
不計輸贏！

因為他
我深深的相信了！！

1997 年
36 歲的我
透過新聞知道
年僅 19 歲的傅家俊已經是五項比賽的冠軍！

從二零零零年打出個人職業賽生涯首桿 147 滿分、到現在已經十七年過去了！

十七年中
他的 147 人生完美演繹了水滴石穿的意義！
穿石的不是水的力量、而是重複的力量！再簡單的事、如果缺了堅持也會慢慢變成有難度！再簡單的夢想、如果你自己不靠上進心去實現、沒有人會為你完夢！

「人生有高高低低
　振翅高飛的時候
　放懷要看遠一點
　處於低谷的時候
　別懷疑自己能力
　進取！往前看！
　因為處在谷底下
　無論往哪個方向
　都是朝上的！」

我們之間的連繫、不只是擁有同一位髮型師、更重要
是我們擁有同一樣的信念！

人生每一局的成功
不是只求衝勁
而是不斷的沉澱和累積！

家俊、我不只是你的觀眾
也是你永遠的朋友！
共勉之

華仔

147 是桌球上的滿分。要打進十五顆紅球與十五顆黑球,再把黃、綠、啡、藍、粉紅、黑,六顆顏色球打進,才能達到 147 滿分。

打 147 非常困難,需要很多不同條件與因素配合而成。首先,要具有不錯的入球準繩度,對桿法運用要有深入的認識,白球的力度控制要熟練,檯上每顆球分佈要合適,再加上穩定的心理狀態、技術狀態和少許運氣才能成就一桿 147 。147 分又稱 perfect game,在很多人心目中是完美的同義詞。曾幾何時我都把 147 認定為自己追求的最高境界,但當對桌球有一定了解之後,便知道 147 只是一個吸引眼球的數字而已。

我們都會有一個壞習慣,喜歡把事情分為成功和失敗。147 是成功,146 是失敗。比賽贏了是成功,輸了是失敗。球打進了是成功,打失了是失敗。但桌球給我一個很正面的價值觀和積極的人生態度,就是要把每一球都當作是一個學習機會。球打得好,當然值得高興。球打得不好,有機會讓我學到下次如何打得更好,這同樣值得高興。

桌球的奧妙之處在於它變化無窮,每一局、甚至每一桿都不會完全相同,每一球都是新的考驗、新的挑戰。雖然困難重重,但機會處處。關鍵是如何利用這些機會去令自己的技術更上層樓。

我看過亦打過好幾次 147,但沒有一次是十全十美的,這證明無論球員發揮多出色,有心的話,總能找到一些進步空間。人生亦然,每天都會遇到新問題和新煩惱,但只要相信自己、堅持信念、抱著學習的心態去面對每天就好了。要常常提醒自己,今天的我要比昨天的我做得更好,凡事盡力而為、問心無愧,最重要是享受箇中過程與樂趣。對我來說,這已經是人生最完美的境界。

傅家俊

Chapter Four 緣來二十年

Chapter Five 147 的下半場

Chapter One

傅小子

0·1·2·3·4·5·6·7·8·9·10·11·12·13·14·15·16·17·18·19·20

童年拾趣

1978 年 1 月 8 日，我在舊山頂道的嘉諾撒醫院出世。
我姓傅，名家俊，爸爸傅偉大，媽媽陳碧玲。他們說，
傅家俊有「負」數「加」完扯平、再「進」一級的意思。
我第一個英文名叫 Frederick，是姑媽給我取的。後來，
我發覺這英文不好讀，從來不懂字正腔圓地唸自己的名
字。小學時，又被同學嘲笑，讀成「Fat 到直」，氣得
我索性騙人說沒有英文名字。十歲那年，因崇拜帶領荷
蘭足球隊勇奪 1988 年歐洲國家盃的神射手——尹巴士
頓（Marco van Basten），我為自己取名 Marco。比起
Fat 到直 Fu，Marco Fu 唸起來應該比較響亮及易記。

儘管我是家中獨子，背後卻算有個龐大家族。爸爸在四兄弟姊妹中排第二，媽媽則有九兄弟姊妹。媽媽是老么，因此我有幾乎數之不盡的堂弟、堂妹、表哥、表姊，加上叔公、姑婆、姑媽、姑姐、舅夫、姨母……小時候每逢農曆新年拜年，總有好幾十人聚首，好不熱鬧，只是利是不多。

我來自一個普通中產家庭，與嫲嫲同住上環，父母皆為銀行小職員，從小到大毋須憂柴憂米，但絕非含著金鎖匙出世。不少人以為我是「有錢仔」，這可是個天大誤會。不過，自幼在溫室裡長大，受盡萬千寵愛倒是真的。聽爸媽說，小時候的我頗為乖巧聽話，尚算聰明，強項是拼圖。父母不是望子成龍型，也不是怪獸家長，他們採用嚴厲與開放參半的教育方法。學業上，他們從不給我任何壓力。小學讀高主教書院，當時頗喜歡上學，對科學與社會科特別感興趣。讀書成績算可以，每次考試名次，跟現時職業排名一樣，皆是前八常客。我記得有一個學期考獲 8A，還贏得爸爸送來一個當時很受歡迎的《六神合體》超合金機械人玩具作獎勵。

記憶中，童年平凡但快樂，最大嗜好是看電視、踢足球

◎ 這是我一年級的成績表。

及踏單車。那些年，我是個百分百的「電視精」，六歲時看 TVB 無綫電視劇集《新紮師兄》的印象特別深刻，因為我有位當輔警的叔叔，曾覺得警察制服非常有型，更立下志願當警察。當時，我對所有跟警察有關的東西如配槍和手銬等，都感到非常好奇。他們肩膀上的多少「粒花」，哪代表哪些職位，我都知得一清二楚。之後，又因為迷上卡通片《足球小將》主角戴志偉而每天在發白日夢，夢想長大後成為職業足球員在綠茵場上馳騁，威風到叔叔不行了。

也許是潛意識希望當警察吧？三年級那年，我參加了高主教的童軍活動。一來，我特別喜歡那套制服，覺得很有型。二來，跟我要好的幾位同學都已報名，於是我便跟隊，人去我去。實不相瞞，自出娘胎以來，我一直受到家人悉心照顧，從來不需做家務，十指不沾陽春水。所以我曾認為，會煮公仔麵的人是滿有才華的。小時候，我的自理能

◎正在苦練《足球小將》戴志偉的衝力射球。

◎小時候熱愛《足球小將》，更夢想成為職業足球員。

力比較差，今次或多或少都是希望透過參加童軍活動與訓練來改進自己。萬料不到，第一次宿營便讓我畢生難忘，實在太狼狽了！

那次童軍宿營活動，是我首次離開父母在外留宿，起居飲食全由自己負責。結果，當然是一鑊泡。孭著那個沉甸甸的背囊，未出發已想打退堂鼓。入營不久便要入睡，我在背囊裡面找到個睡袋。問題來了：我不懂如何使用睡袋。研究一輪以後，我決定把睡袋當被子般蓋著睡，由於沒有整個人鑽進去，我徹夜與蚊同眠。翌日醒來，全身有十幾粒「蚊癩」是常識吧。更不濟的是，不懂如何把睡袋回復原狀，要靠同學幫忙才行。此外，遺漏幾件私人物件沒帶回家亦在所難免。這趟烏溪沙之行，一個字，錯……唔晒，因為這是成長必經之路。

◎ 小學與好友一起當上童軍。

◎ 那些年的我曾經是「技安」。

◎ 參與童軍活動，最開心能與一班好友聚首一堂。

環顧歷代職業桌球員的成長路，一般都離不開受到父親薰陶和啟發，我亦不例外。爸爸是個不折不扣的桌球痴。在他的耳濡目染下，我自幼便接觸桌球。八十年代初，經常有英國職業球星來港參加表演賽，我六歲已經透過電視節目《體育世界》欣賞到戴維斯（Steve Davis）、基夫斯（Terry Griffiths）、泰萊（Dennis Taylor）等名將的風采，同時被球檯上那些紅紅綠綠的顏色小球深深吸引著。看著他們瞄準、然後……哦一聲，球應聲入袋，還要逢打必入，害我誤以為「篤波」易如反掌。

◎ 這是爸爸送給我的迷你桌球檯。

爸爸當然知道我對桌球感到興趣。七歲那年，他雀躍地買了一副迷你美式桌球玩具給我作生日禮物。一年後，我第一次跟著爸爸踏足波樓。那是上環的 328 桌球會，現已結業多年。那裡十分舊式，採用燈罩球檯，當年桌球室環境跟今天不同，又黑又煙又沒人，好像有鬼似的，這令本來已經膽小的我更加害怕。當時，我其實很想試打，但又不敢開口，生怕篤爛球檯要賠錢。

爸爸又怎會不知道我心癢癢呢？事隔個多月，他帶我到環境比較好的中環凱撒桌球會，特意租了一個房間讓我試玩。這是我人生第一次接觸桌球運動。儘管當時個子小，要「擔櫈仔」才勉強夠高伏在檯邊，但我卻玩得不亦樂乎。「篤中白波當你贏。」爸爸說。

接過戰書後，我信心滿滿的拿起長長的 cue 棍，心裡回想著戴維斯等球星的模樣……努力仿效他們的動作：瞄準、出 cue、啵一聲、入袋。奈何，想像與現實的落差實在太大。笨手笨腳的我試過無數次後，仍然無功而還。那刻我才知道，桌球原來很難打，要打得出色則更難。不過，我就是不服氣。後來，我一步一步的來。由只能勉強擊中白波，到以白波擊中紅波；再由打白波進袋口，到以白波撞紅波入袋。這一切，都讓我感到非常滿足。

自此，我便戀上桌球，經常與堂弟對打。我們的對打頗為特別，我非常用心，他則亂打一通。有次，他大力「撻Q」把白波打到飛天，撞爛球檯上的遮光燈罩，累我們賠錢收場。如是者打打鬧鬧一整年，我終於能夠 pot 入十多度分數。然後，爸爸送我人生第一支專屬桌球棍。這支 cue 很特別，孿的，價值港幣二百多元。雖然是孿的，但這是我人生最寶貴的禮物之一，亦妥善保存至今。

九歲起，我轉到灣仔戴維斯桌球會玩耍，往後三年，這裡就是我最流連忘返的地方。每逢週六童軍活動結束後，我必定準六時正趕抵「戴維斯」，一直練習至凌晨兩、三點才願意回家。如果爸爸凌晨一時偷看手錶的話，我會哭。某周末我因為打不成桌球，於大街大巷嚎哭，害得媽媽傷心落淚，還連累爸爸被路人誤以為他是個拋妻棄子的負心漢。

當時，我對桌球的熱愛已達如痴如醉的地步。可是，高主教小學校規白紙黑字列明：嚴禁學生出入遊戲機中心和桌球室。因此，桌球變成我的最大秘密，我亦無法跟同學分享箇中樂趣。記得有天嫲嫲幫我背著桌球棍袋、帶我上「戴維斯」，沒料到在小巴上碰見老師，他一句便嚇破了我膽。「傅家俊！這是甚麼？」阿sir指著棍袋問。我極力裝傻：「不知道。」好彩，過到骨。事實上，有誰相信一個十歲小朋友夠膽「蒲波樓」？

勤力，總會有回報。十一歲，我幾乎每次都能打三至四十度，十二歲時的一桿最高度數（highest break）約六十度左右。即使那時算是打得有板有眼，但我還是很討厭於眾目睽睽下打波，生怕被取笑。我最怕就是偶意打出好球，周圍的人即嘩聲四起，所以我一定躲在房裡打。若發現有人偷看，我會即時罷打，算有性格吧？問題來了。

◎ 小時候我與爸爸的親子活動，就是打桌球。

◎ 每次到桌球館打球，我都很開心，更不願離開。

◎ 小學參與童軍活動，令我大開眼界亦學會很多。

隨著一桿最高度數逐漸提升，我的體形亦不期然不斷膨脹到一個點，一個叫大肥仔的點。這是因為每次練習期間，我不停的灌可口可樂，球會經理因此賜我第一個花名──可樂仔。

有得必有失。桌球帶給我這個童年無限歡樂，同時亦令我錯過一件想做的事，那就是考取童軍獎章。我熱愛桌球，又沉醉練習，根本沒有時間考章。眼看其他同學考獲滿身獎章，令我羨慕不已。移民前一年，我忍不住投考寵物章，更準備一份飼養烏龜的報告跑去面試。我特別記得以下這幕：

「烏龜被猛烈太陽照射會怎樣？」考官問。
「會⋯⋯皺皮。」答罷，我心知不妙。
「你到底懂不懂養龜啊？正確答案是龜殼會軟呀！」考官被我氣得啼笑皆非。

可幸，雖然答案一塌糊塗，考官還是把那個寵物章當安慰獎般送我，讓我終於得到第一個、亦是唯一一個童軍獎章。寵物章為我的小學雞生涯，留下一段美好回憶。

2 溫哥華育成

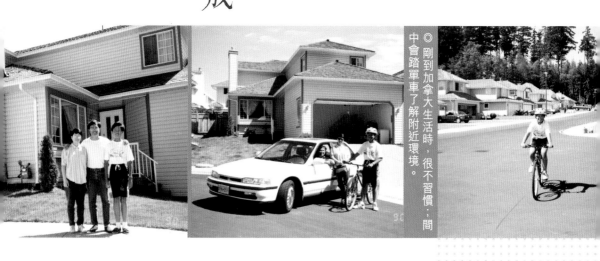

◎剛到加拿大生活時，很不習慣，間中會踏單車了解附近環境。

緣份，是一種奇妙的東西。若非那年在加拿大遇上啟蒙教練 Tommy Lee，我早就放棄了桌球，更別論回到香港生活，並走上職業桌球之路。

1990 年小六畢業後，我十二歲便隨父母舉家移民溫哥華。離開自己長大的城市、離開嫲嫲、離開表兄弟姊妹、離開同學朋友，這對我來說，實在難捨難離。去到一個全新的地方生活，起初的確不習慣，但當時年紀小的我適應能力還好，加上認識了一些新朋友，很快便安定下來。

◎與朋友夾錢買的籃球架。當年我以為自己長得高，很適合做籃球員呢！

◎於加拿大讀書時所拍攝的學生證相片。

加拿大有別於香港。地方大，空氣好，讀書壓力小，家居也比較寬敞。我們的第一間屋高兩層，面積約 1700 多平方呎，與港式蝸居有分別，因此我們一家三口生活頗寫意。剛到溫哥華讀第七班的我，英語程度相當一般，惟數學科成績最好，程度足以指導別人。至於其他科目呢……還好，沒被當作笑柄。後來，我與兩位精通中英文的同學混熟了，這才讓我找到了靠山。

在溫哥華的首三年，我完全被籃球所佔據，桌球慘被拋諸腦後。當時米高佐敦（Michael Jordan）紅到發紫，NBA 風靡全球，這種氛圍讓在北美的我對籃球著了魔。為了減肥與追上潮流，我非常積極的學打籃球。只要不下雨，每天定當打籃球。後來還跟五、六個朋友夾錢，買了一個籃球架，放在屋外泊車空地，每天打到天昏地暗才肯罷休。同時，我的體形也逐漸飆高與變瘦，並曬得一身黝黑膚色，連昔日最愛的可樂亦一併戒掉。那時候，我眼中只有 NBA，更封了米高佐敦及「滑翔人」德士拿（Clyde Drexler）為偶像。獲選加入中學校隊參加校際比賽，司職小前鋒，這是我籃球生涯的最大成就。

• 首次桌球比賽 •

小孩子總被新事物吸引著。因為籃球，我對桌球那份熱情忽然之間冷卻了，曾試過隔個多月才到家附近的桌球室一次。依然深愛桌球的爸爸，知道我沉迷籃球，心裡不是味兒。儘管已經極少打桌球，但十四歲的我還是參加了人生第一次桌球比賽。那是加拿大卑斯省（British Columbia）省份賽事，規矩是球員必須穿著恤衫、背心並打煲呔正裝上陣。從來沒有比賽的我，一直不以為然，直至穿上戰衣一刻，我突然驚得要死。走進場內時，雙腳發軟，震過貓王。在這項採取單循環賽制的「處子」賽事中，我輸掉第一仗，最終卻奪得亞軍。之後，我代表卑斯省出戰全加拿大公開賽，可惜小組賽出局。後來，從別人口中得知，第一場以直落四局四比零把我淘汰的球手，其實是同組中實力最差的。此刻，我才驚覺自己的水平原來跟「普通」差很遠。

我在溫哥華打球的球館叫「Embassy」，那裡臥虎藏龍，不少業餘界高手都是常客。他們經常勸我要勤加練習，才會進步。前輩們的忠告「最少一星期打三、四天，每天練兩至三小時。」，令我首次有練波這個概念。

◎ 於加拿大參加桌球賽時，我們都必須穿著恤衫、背心並打煲呔正裝上陣。

• 洪七公 •

十五歲那年，我在加拿大認識了「洪七公」。他不僅改變了我對桌球的態度，也改寫了我的命運。

他叫 Tommy Lee，四十來歲，加拿大出生及長大的香港人，操流利英語，不懂説中文。他沒有固定職業，窮光蛋一名，長期在桌球室打散工，卻於溫哥華業餘桌球界長期排名前五；名氣響噹噹，是正宗波痴，喜歡鑽研打法，防守 set cue 尤其出色，被大家尊稱為「The Master」（大師），不少高手都向他求教。

在我眼中，Tommy 就是金庸小説《射鵰英雄傳》裡面的丐幫幫主洪七公。他外表污糟邋遢、終日笑笑口，因有渴睡症，瞄準時都可以入睡，很有那種「別人笑我太瘋癲，我笑他人看不穿」的不羈感覺。他武功高強，卻不為人知。在此之前，我們算是走在兩條平衡線上。
一次機緣巧合，「Embassy」桌球館老闆問 Tommy，可否指導我打桌球。他爽快地一口答應，而且不收分毫，只要求爸爸請他飲一杯咖啡、或抽一根煙便心滿意足。

不過，他要我許下承諾，不許半途而廢，以免浪費他的
心血和時間。還有，將來一定要繼續向桌球發展。難得
高人不吝賜教，我沒有考慮便馬上答應。

正是 Tommy 這番話，令我第一次認真地看待桌球，並
從籃球場重返桌球室，正式成為洪七公首席入室弟子。
在昨日青蔥歲月裡，我每週平均練習三至四天，每天打
三至四個小時。當遇上公開演說的課堂，最怕當眾朗讀
的我，不是扮頭痛、就是扮胃痛偷偷溜走，逃學威龍去
練波。在「Embassy」打球還有一個好處，就是學英文，
我在 Tommy 身上學懂的英語，比在學校裡的多。

● 首次一桿過百 ●

師從洪七公初期，他說我經常犯下「rookie mistake」
（新丁錯誤），所以索性賜我新名「rookie」。「新丁」
是繼「可樂仔」之後，我的第二個綽號。老實說，我不
是天才，只是有少許天份。可幸，在不算長的時間內，
我掌握到 Tommy 的提點。剛認識他時，我的一桿最高
度數是七十多度。數月後，我第一次打出「一桿過百」
（century break）。兩年後，我終於首次一桿轟出 147
滿分。能夠有此進步，全因才華橫溢的 Tommy，此外
我願意問，他也願意教。

桌球檯上，我是一個問題少年，不但每事問，還要打
爛沙盤問到篤。「為何要那樣打？」「為什麼你不這樣
打？」是洪七公、是他教曉我桌球上的所有基本功。原
本，我只知道要準繩地 pot 波。他教曉我如何防守、如
何控制白波走位等等，是洪七公令我的技術水平全方位
提升。

◎ 這塊由加拿大桌球館為我訂製的金牌，用來紀念我首個 century break。

1993 年 1 月 21 日，我第一次打 century，度數是 103 度，我非常興奮，猶如中頭獎一樣。一個十五歲小子能「過百」在「Embassy」極為罕見，當時我算是震驚十三億人民，整家球館也甚為哄動。他們更特意鑄造了一塊金色長方小牌，刻上日期、度數和名字送給我，又更把這塊小牌裝在球檯上方燈罩上，好不威風。時至今日，這塊小金牌仍安坐我家中獎盃櫃內的當眼處。它記載著我桌球生涯的第一個里程碑，意義不遜任何一座冠軍獎盃。

首次一桿過百之後，相隔兩個月，我再打出第二次。可惜，之後好一段時間裡，我失去了手感。當時，我能夠做的就只有持之而恆、默默地、努力地練習。日月如梭，時光飛逝。九個月後，我終於尋回「過百」的感覺，更不知不覺地找到了突破點。自此，我每星期總能打到一次過百。然而這段時間裡，恩師 Tommy 卻一直沉默不語，一直等、一直等到完成五十次「過百」，我才首次獲得他的讚許。

「之前全部不是 good break，每次都有不同程度的失誤。這次不同了，不論選球、走位等全都合我心意。我滿意了！」此刻，我才恍然大悟。原來，一桿過百都分不同級數。洪七公並非魔鬼教練。他從不責罵，但有要求；絕不輕易給予讚賞，哪怕我一天內連轟兩桿「過百」，他亦只會淡淡的說「not enough」。然而，這亦是多年來一直推動我不斷前進的力量，使我能以十六歲之齡便於卑斯省公開賽，擊敗平均比我年長至少十歲的前輩 sss，贏得第一個桌球賽冠軍。

◎ 因為答應了啟蒙老師 Tommy 不會放棄，我不停練習，最後尋回桌球的樂趣。

◎ 十六歲的我，於加拿大出戰不同賽事，認識了很多前輩並獲得他們的支持。

● 首次 147 滿分 ●

如果說一桿過百是桌球的高水平指標，那 147 就是桌球的完美演繹。十七歲那年，我第一次轟出滿分 147，地點是在自己家地庫那張只值五千港元、質素慘不忍睹的球檯上。對手？爸爸。約二十年前的情景，至今仍歷歷在目。當時球與球之間分佈較疏，是一盤相對易打、俗稱「易拆」的 147。球檯質素比較低，袋口比較大，檯面不平坦，且有少許溜歪。因此，哪個袋口比較容易打入，我一早就記得滾瓜爛熟。不過，過程仍然驚心動魄。當打入八、九組紅、黑球之後，我意識到有頗大機會清檯。我的心開始撲通、撲通地加速狂跳，在旁的爸爸則極力裝淡定，但我知他緊張得手裡冒汗。

當 147 近在眼前，我感到前所未有的複雜：心情既緊張、又興奮，卻又忐忑不安，生怕蘇州過後無艇搭。「不行了，我要停一停，坐下來冷靜一下！」我說。爸爸完全不敢發聲，生怕打亂我的思緒。休息三分鐘後，我繼續清檯行動，篤入所有紅波，然後就是黃、綠、啡、藍、粉紅，終於來到最後一隻「黑柴」。出桿前，我先來個深吸呼……然後出 cue……啵！黑球應聲入袋！天啊！147 啊！我激情頓足，忘情振臂高呼：「YEAH！」這是我一世人，最激動的一刻。至於爸爸呢？他則保持一貫低調，簡單吐出四字：「打得不錯。」但我肯定，他暗裡心花怒放。

首次完成 147，是我人生最難忘的五大時刻之一，其興奮心情實難以筆墨形容。最大遺憾是零觀眾，沒有第三者見證，時即使講出來，亦怕被人當作吹牛。只是當時年紀少，忍不住都要找人炫耀一下。打出 147 翌日，我照常返學，故意走到幾位靚女同學面前炫耀一番。誰料人家根本不知何謂桌球，「147？What？」這個 what 如同一盤冷水，讓我感到極度無癮。現在回想起來，其實只是找自討沒趣。

跟洪七公學藝兩、三年後，我達到了一定水平。在他的不斷鼓勵下，我萌生轉打職業賽的念頭。可是，Tommy 和其他曾自費參加職業賽的前輩，卻反過來告誡說：「你在加拿大就好波，去到職業賽圈則完全不是這回事。」「有位職業球手曾一天打出三桿 147，可他的世界排名只在 300 位以外。」聽完以後，我心一沉。不過經過反覆思量，最後我還是覺得自己尚年輕、輸得起，還是想一嘗挑戰職業賽的滋味。因此，我下定決心，更努力地練習，尋求突破，並訂下最少躋身世界前 64 名的目標。

◎當我從籃球世界再次回到桌球檯，爸爸變成了我不可或缺的練習伙伴。

◎這些是我在加拿大參加大大小小賽事所贏得的獎盃。

Canadian Mathematics Competition

Certificate of Distinction

The Faculty of Mathematics, University of Waterloo,
is pleased to recognize the achievement of

Marco Fu

who ranked in the top twenty-five percent
of all contestants in Canada
in the *Pascal* Mathematics Contest
for Grade 9 students

Ronald G. Dunkley
Executive Director
Canadian Mathematics Competition
Associate Dean
Faculty of Mathematics
University of Waterloo

Year 1993

John D. Kalbfleisch
Dean
Faculty of Mathematics
University of Waterloo

◎ 於加拿大讀書數年，除了在桌球上獲得一點點成績外，參與大學數學比賽亦有不錯表現。

鎖定目標後，爸爸和我開始部署結束加拿大的六年生活，準備返港。回來，是為了尋求代表香港的機會。首先，參加世界業餘錦標賽證明與測試實力，並爭取躋身職業賽的資格。離開加拿大前，不少球友以為我回港短期發展，更有前輩一口咬定我回港「搵食」：「你返香港打波賭錢吧！等我教你幾招江湖技倆吧！」另一前輩則跟我說：「我幫你保守秘密，隱藏身份，帶你上波樓搵食，肯定賺大錢！」如此種種，弄得我爸與我啼笑皆非。

總結我在加拿大的日子，大大小小共贏得六項桌球比賽冠軍，最大型的算是西岸公開賽錦標，惟從未染指全國冠軍。否則，我可能已代表加拿大參賽。離開加拿大，再續我十二歲前的香港緣，一切似是命中注定。1996年，為了支持我追逐桌球夢，爸媽決定舉家返港。當時，他們已經退休好幾年，沒有收入，全家就帶著一點積蓄回來「搏一鋪」，看看我能否殺出血路。

1996年，陳國明奪得香港桌球史上首個 U21 世界青少年錦標賽冠軍殊榮。我在回港的飛機上，一邊讀有關他的雜誌訪問，一邊想：如果有一天，我可以取得與陳國明一樣的成就，你說多好……

Dear Marco
......by 媽媽

「的而且確，Marco 從小到大都是我的心肝寶貝，甚至可以說是命根。但為人父母，每個人都是這樣吧，就像他和 Shirley 也是同樣愛錫兩個女兒。」

對我來說，其實一切很簡單，只要他開心，打桌球沒有壓力，一家人開心健康就心滿意足了。我不會覺得自己太過溺愛 Marco，難道要他洗碗、買菜嗎？這些當然是我自己去做了。這個兒子當然有做過好些令我感動的事情，那主要是他仍是小朋友的時候，像是生日或者母親節的日子，總會親手繪畫賀卡送給我，那著實非常窩心。他是非常聽話乖巧的孩子，單是接受我的意見，願意完成學業才成為職業桌球手，已經使我無須操心了。

傅家俊很早已經想轉打職業桌球，但我堅持他一定要完成第十二班（北美中學學制的最後一年，意思即完成中學）才可以全職打球，其實甚至應該完成大學。我是絕對支持他打桌球的，但在加拿大讀書很方便，功課也不忙碌，換了是在香港上學的話，他肯定打不了桌球。轉眼間 Marco 的職業桌球生涯已經接近二十年，但我對他打球卻從來未曾擔心過，我也不曾覺得他的職業生涯捱上過甚麼低潮。對我來說，他總是三不五時就會有些令人驚喜的成績。

多年來，我從不會看他打球。不知怎的，我總是會很緊張，也不知緊張甚麼，但我就是不會看他打球。我也不曾為他的桌球事業擔心，這可能與我篤信佛教有關係，對勝負不會看的太著緊，我實在是一個相當平淡的人。真要為他擔心的話，也只有對他身體上的關心，比方說睡的不好、吃的不好之類。打比賽真的不用我操心，如果這為他帶來額外的負擔和壓力，是毫無必要的。

要數傅家俊最令我開心的事情，肯定是他結婚和有了自己的孩子，始終這標誌了他人生的另一個階段。成家立室也意味著有人在照顧他，感覺是我可以把這個責任放下，有種交棒、飲得杯落的感覺。

未來的日子，我只希望他能盡量去做令自己開心的事情，無論是要做甚麼都好，我也肯定全力支持他的每一個決定。不論他打球拿到甚麼成績，我都會支持他。贏冠軍也好，吃敗仗也罷，Marco是我的兒子，我不會為了他的成敗得失而生氣，但可以肯定的說，我為這個兒子感到非常驕傲。

Chapter Two

從學業到職業

0·1·2·3·4·5·6·7·8·9·10·11·12·13·14·15·16·17·18·19·20

暫停學業
重返香江

天下父母，不少都想子女學業有成，有份固定職業，擁有安穩的規劃人生。人可以規劃人生，但我知道變幻原是永恆。當我中學第十二班畢業後，放棄升讀大學、決定離開加拿大轉投職業桌球時，我知道這就是一趟變幻莫測的探險之旅。為了讓兒子尋夢，父母可以去得很盡。我超級感激爸爸、媽媽的信任與支持，他們放棄僅六年的移民生活，陪我回港，讓我全心全意追夢。

1996 年 8 月 18 日，我們一家三口返抵香江。那一年，我十八歲。相隔六載再次回到出生地，感覺既陌生又熟悉。不再當學生，準備昂首踏進業餘桌球世界，我對前

路滿懷憧憬，沒有丁點徬徨或恐懼。可能因為當時年紀輕，即使失敗仍有時間轉行。最壞打算，即便由零開始。青春，就是我當時的本錢。

回港前，我對香港桌球水平毫無概念，只從溫哥華朋友口中得悉一些香港球手的名字和背景。我知道有位曾在職業賽打滾兩年的，叫陳偉明，但聽得最多的則是陳國明。陳國明十五歲已贏得香港超級聯賽冠軍，不久前更歷史性成為 U21 世界青少年冠軍。此外，我還知道陳偉達與何漢奇等都是香港一線選手。回港不足一週，我有幸獲邀出席香港桌球總會為陳國明舉辦的世青奪冠慶功宴。就在那裡，我結識了香港大部份桌球人。

縱使在港土生土長，但始終我剛從加拿大回來，難免予人一種「外人」的感覺。爸爸千叮萬囑，著我切記謙虛待人，不能囂張跋扈，以免失禮。這情景有點像電影《龍的傳人》裡，周星馳父親元華忠告兒子「雖然你叻，但由大嶼山出到香港就要尊重別人，萬事以和為貴」。所以，回港初期我比較文靜，凡事「睇定啲先」。又或因掩飾功夫做得好，獲得不少前輩稱讚有禮貌，弄得當時的我十分尷尬。其實，在溫哥華求學時我特別嘈吵，更曾禍從口出，差點兒被打。

• 96 年回港被利誘 •

初次踏足香港桌球圈，對香港桌球界並不太了解。沒想到回港後的第三天，有中間人問我，是否有興趣賭波？他拉攏我與一名大陸球手對打，開價每贏一度賺五百元。重點是，那場球賽，我是必勝無疑的。面對誘惑，我想也不想，便一口拒絕。因為既然定下以打職業賽為終極目標，就絕不能思歪，一定不走歪路。溫華哥朋友們所言非虛，當年「髧雞」[註1] 確是一條財路。但隨著社會進步，今天世界桌球已全面職業化，不可同日而語。

註 1：「髧雞」（或捩雞）意思是先隱藏實力，引對方入局才出真功夫。

同年十月，我開始參加香港的各項桌球比賽，第一項是
精英選拔賽，作為升班香港超級聯賽的第一步。結果，
我在四強首先擊敗馮鎮濤，決賽戰勝陳漢鈞，捧走個人
第一座香港冠軍獎座。往後好一段時間，我走遍全港不
同球館，與來自五湖四海的朋友切磋球技，尤以沙田特
別頻密。當時，我常跟駐場的大前輩「黑哥」陳楚君對
打。黑哥外表嚴肅，甚至有點兒神惡煞，但其實他內裡
友善隨和，還給我不少意見。

◎ 1996 年 11 月，我贏得全港桌球公開賽
冠軍。

◎ 回港一年內，我參加了香港不同賽事，終於
得到香港桌球界的認同。

有天，一位香港球手這樣問我：「你從加拿大回來？曾跟哪位職業球手練習？我曾經與 Hendry（「桌球皇帝」亨特利）對打。」

「Hen 你個頭，你哪有跟 Hendry 對打，你那時只有開波的份兒！」黑哥出面為我解圍，搞笑而不失霸氣。

1996 年 12 月，我參加第二項賽事沙龍評分賽。多得一些在溫哥華的香港朋友替我「宣傳」，才回港四個月的我，已吸引到不少球迷前來觀戰。圈內外似乎都對我充滿好奇，要看看我這個「加拿大仔」有多少斤兩。四強戰，我面對陳偉明，從落後一比三反勝四比三。儘管偉明已淡出球圈，甚少打球，惟始終是前職業球手，我可沒想過贏。至於決賽，對手是「大埔牛」江華安。那日，更多人圍觀。結果，我大勝五比零捧盃，這是我回港後發揮得最出色的一仗。就是這場勝仗，讓我首次獲得香港桌球界的認同，亦令我第一次接受本地傳媒採訪。訪問我的，是已故無綫電視資深記者伍晃榮。小時候，我從電視機裡看他報導體育新聞。此刻，他居然站在面前訪問我，這種感覺好得意！

● 重要的 1997 ●

1997 年香港回歸，也是我業餘桌球生涯最關鍵的一載。一月，我首嘗當上香港超聯錦標冠軍滋味，連同上一年的精英選拔賽及香港公開賽，才幾個月，我已盡攬香港三大賽事冠軍。期間，港九新界各桌球室所舉辦的不同大小賽事，我亦悉數奪魁；加上經常包辦「一桿最高度數」獎，每月平均也能賺取約萬元獎金幫補家計。回歸香港近一年，在港未逢敵手，這可是意料之外。更驚喜的是，我贏得不少球迷青睞。有次在尖東東亞桌球城比賽，吸引逾三百人圍觀，令我既驚訝又感動。

事實上，九十年代末期，香港桌球風氣盛行，幾乎每月都有舉辦賽事。球手實戰機會愈多，愈容易提升水平，這是必然道理。紀錄是用來被打破的，這也是必然的。回港後，我所保持的不敗紀錄，終於在同年七月一項評分賽被打破。在讓分十五度的情況下，我不敵鍾偉祥。隨後，亦在超級聯賽小組賽向陳國明稱臣。國明，肯定是當時最難應付的香港球手。

早前登上香港冠軍寶座後，我終於有資格披上港隊戰衣，代表香港出戰。1997 年 4 月，我首次代表香港，前往杜拜角逐亞洲錦標賽。當時泰國桌球實力冠絕亞洲，不僅出產了職業名將華達拿（James Wattana），還有多位業餘球圈的星級人馬。以實力來計的話，泰國之後就是馬來西亞和印度。出發前我做足功課，見人就問：「這個、那個『泰仔』甚麼來頭？甚麼打法？」問完之後，我覺得自己水平似乎不夠，因此幾乎當上逃兵棄戰。結果，不出所料，我八強止步，四比五敗陣予年紀比我少一歲的泰國小將。回港檢討，總結自己不論水平或球技其實都凌駕該對手。落敗，全因一個字：怯。電影《激戰》說得對：「行得上台你就唔好怯呀，怯，你就輸成世。」

儘管亞洲賽鎩羽而歸，但我賺到了寶貴經驗，了解到海
外球手的水平，自信心反而有增無減，接著出戰 U21
世界青少年錦標賽，發揮更出色。由於已超齡的陳國明
無緣參賽衛冕，我攜著他一年前高舉的冠軍獎盃，飛赴
愛爾蘭歸還賽會。沒想過，我能夠把它再次帶返香港。
賽前，我換了一支新 cue，奪冠過程亦一帆風順。我共
打出八桿「過百」，決賽輕鬆以十一比七力挫比利時球
手 Bjorn Hanaveer，為香港蟬聯王座，還被當地傳媒大
讚水平直迫世界前八。那支滿載回憶的「幸運 cue」，
我一直沿用至今。

世青封王後，距離職業這個目標就只差一步。只要在三
個月後的世界業餘錦標賽掄元，我即可獲得一紙職業賽
入場券。不過，這趟遠赴津巴布韋之旅，卻比想像中崎
嶇得多。首次遠征非洲，我轉了五程飛機。最後抵達非

◎ 1997 年首次參加 U21 世界青少年錦標賽即為香港蟬聯王座，令我信心大增。

◎ 贏得世界業餘賽冠軍後返港，不少傳媒來接機，令我非常高興。

◎（亞洲賽）首次代表香港出戰國際賽，於杜拜角逐亞洲錦標賽。

◎榮膺世界業餘雙料冠軍，是我成為職業桌球手的重要一步。

洲南部的內陸國津巴布韋時，我所乘坐的飛機卻罕見地爆呔。機場緊急出動多架消防車戒備，嚇得我魂飛魄散。來到比賽場地，同樣令人眼界大開。場地滿佈蚊子，且滿檯飛蟲，每打一球前，都要用手撥開牠們。十多張球檯均來自不同牌子，每個袋口的大細幾乎都有分別，這是名副其實的世界「業餘」賽。

然而，在如此惡劣環境下作賽，未嘗不是一次難得的體驗。決賽的戰況，跟飛機降落這裡時一樣驚險。面對職業世界排名 128 位以外的衛冕冠軍冰咸（Stuart Bingham），我曾大比數落後一比七。奪標機會渺茫之際，卻又給我一局一局收復失地，最後更以十一比十逆轉奪魁，成為香港首位世界業餘桌球冠軍，創造歷史。1997 年，半年內包辦兩項世界業餘大賽錦標，如願搭上職業賽列車，一切猶如置身夢中。屈指一算，距今已有二十個年頭，但 97 年的每一幕，我依然記憶猶新。

上一站「學業」，今站「業餘」忽然已成過去，一切都來得很快，這刻我準備向下站邁進：職業。有關職業桌球，我為自己訂下五年限期，倘若未能躋身世界前

六十四名便會毅然退出。即將迎接未來更大挑戰，爸爸訓誨未變：繼續謙虛。

● 與許志安、梁漢文結緣 ●

榮膺雙料世界冠軍，少不免成為傳媒焦點，一下子變成公眾人物，上街會被認出，亦被索取簽名⋯⋯想不到還有別的「福利」──那就是登陸紅館。

回港近兩年來，我一直專心打球，每日練習最少三小時。桌球以外的唯一嗜好，就是看演唱會。我是個花心樂迷，黎明、劉德華、王菲、鄭秀文⋯⋯每位都愛聽。1998 年 1 月，世界業餘賽捧盃不久，獲邀擔任《勁歌金曲》頒獎嘉賓，負責頒發新人獎。為隆重其事，我專程向朋友借來一套西裝出席。可惜西裝不太合身，令我看來有點像小孩扮大人，還真丟臉。不過，能夠在後台遇見那麼多歌星，緊張之餘也蠻興奮。還記得當屆銅獎由雷頌德和馮德倫組成的樂隊 Dry 奪得，銀獎張惠妹，金獎謝霆鋒。不過，最難忘的要算是在廁所認識許志安及梁漢文。我們一邊小解，一邊傾談，這可能就是另類版「男人的浪漫」吧？我不記得我們有沒有握手，但肯定我們有洗手。

◎ 娛樂圈中，與我認識最久的是許志安，間中我們更會一起篤波及談心事。

桌球以外傅家俊 ——
我是「紅魔」粉絲

足球是我另一喜愛的運動，除了欣賞球員們高超技術外，亦喜歡外表同樣出眾的明星球員。兒時愛看全盛時期的碧咸，加上當年曼聯陣容人才濟濟，所以九十年代順理成章成為「紅魔」粉絲。然而，旅居英國多年，我只跟太太及女兒在奧脫福球場（曼聯主場館）外合照，從未親身入場觀看球賽。其實我不會局限於追捧一支球隊，荷蘭三劍俠、葡萄牙及英格蘭國家隊都先後因陣中球員而變成愛隊，朗拿度帶領的巴西隊，當然也不會例外。還記得 1998 年世界盃決賽，由東道主法國對巴西，當晚特別跟三五知己約好凌晨三點睇波，可惜我支持的森巴兵最終落敗，當刻失落的心情，至今記憶猶新，比起自己輸波更痛心。真誇張。

2017 年世界錦標賽十六強戰中，我發現我的足球偶像愛爾蘭名宿兼前曼聯隊長堅尼（Roy Keane）不失霸氣地坐在比賽檯前面之際，即使那時跟羅拔臣戰至總局數八比八的拉鋸形勢，我仍感到興奮不已。休息時，我忍不住主動上前跟他握手，且在港隊教練郭偉恩介紹下，跟他閒談了幾句。遺憾是那刻因為仍要應付尚未完成的賽事，竟未有合照留念。

一戰成名

回港初期，我的世界排名僅得 377 位。誰會想到一個年僅二十、乳臭未乾的黃毛小子，即將在人生第一項職業排名賽過五關斬六將，爆冷擊敗桌球史上最天才橫溢的球星奧蘇利雲（Ronnie O'Sullivan）殺入決賽，最後奪得亞軍、破盡當時紀錄？即使到了今天，我仍然覺得難以置信。這……是一場夢嗎？

憑著奪得 1997 年世界業餘錦標賽冠軍，我如願取得參加職業賽的資格。與此同時，各方面都要為轉戰職業做

好準備。調整比賽心態之外，還需處理一大堆瑣碎事務，例如尋找旅英的酒店與交通、申請工作證、繳交參賽費用、了解報名手續與報稅程序等，統統都要重新學習。這其實比上學更忙碌，我亦學到很多在學校學不到的道理。

出發前往英國開始職業桌球生涯之前，為了跟啟蒙教練Tommy練波特訓，我們一家專程飛返溫華哥一趟。同時，亦向他及各球館老闆們與前輩們等打招呼，感謝他們一路以來的教導和栽培，令我的水平在短短兩、三年間大躍進，讓我提早實現職業桌球夢。

加拿大育成我的首場比賽、首次一桿過百、首個147，以及桌球上的無數首次。由昔日從未染指加拿大公開賽冠軍獎盃、到囊括世青及世界業餘錦標，重回這個孕育我成桌球手的地方，確實有種衣錦還鄉的感覺。逗留加拿大的一個月裡，我每天勤奮練習，平均每日打出三至五桿「過百」，進步顯著。當然，看在要求嚴格的洪七公眼中，這只是一碟不值一提的小菜：「一日打幾桿過百，於英國職業圈每分鐘也在發生，平平無奇，沒甚麼值得高興。」永遠「not enough」，是Tommy對我的終生教誨。他一再提點我，若想在職業賽立足，必須不斷求進，得分能力要更好，選球要更小心等等。當年這個月的特訓，對我極度關鍵。

由溫華哥再度回港後，我開始收拾行李。進軍職業賽的感覺愈來愈實在，心情也愈來愈複雜。既期待但緊張，卻又十分興奮，畢竟這是一趟我期待已久的征途。1998年8月，在爸爸陪伴下，我雄心勃勃地登上開往英倫的航班。從加拿大的學業、到回港當上業餘桌球手、到現在前往英國開始職業生涯，我信心滿滿，盼於彼邦闖一番事業，達成躋身世界前六十四名的短期目標。

• 首戰職業賽 •

第一趟職業之旅，我需要在英國西南部 Plymouth 逗留
約一個月，參加四至五項外圍賽。那裡，有一家放著十
多張球檯的場館，環境一般，絕不華麗，有點冷清，
令氣氛更添嚴肅。不用比賽時，我不停觀看其他球員
比賽。他們的排名均在世界五十以後，名字一般不是
耳熟能詳。只是，每位都非常厲害，不停地 century、
century、century……我心想：怎辦？

當然，我硬著頭皮迎接人生第一場職業賽，那是格蘭披
治（Grand Prix）第四圈的海外球手外圍賽（Overseas
Qualifiers），對手 Adrian Gunnell 來自英格蘭。踏進

◎ 首次接受外國傳媒訪問。

◎ 無論任何賽事的獎盃或獎牌，我都
會好好珍惜及保存。

場中，難免感到少許緊張，但當時心想：「等了又等，終於來到第一場職業賽！夢想終於成真！」業餘賽跟職業賽絕對是兩個世界，之前贏取世青、世界業餘冠軍是榮譽、也是踏腳石；現在是工作，每贏一場比賽有積分、有獎金、有排名。能夠真正加入職業的圈子，加上當時亞洲球手比較罕見，這無疑是一件值得自豪的事。

那場比賽，我發揮不算理想，但仍勉強以五比三打開勝利之門，接著在九十六強再以五比零擊敗另一位英格蘭對手 Mick Piece，成功於外圍賽出線，打入決賽圈（main draw）六十四強。不過在另外幾項其他賽事的外圍賽，我卻遭遇挫折。其中兩場是在最後一圈面對世界排名三十多位、已成名的史提芬斯（Matthew Stevens）和戴爾（Dominic Dale），我不但俯首稱臣，還吞掉五隻光蛋。這讓我深切體會到，自己跟世界前三十二位球手的實力還差頗遠。

● 獲金牌經理人垂青 ●

總結各項外圍賽的成績，贏了約十場比賽，但輸掉三仗，不過不失。意想不到的是，當我完成所有外圍賽後，居然吸引到前金牌經理人 Ian Doyle 的垂青。當年叱咤風雲的球星包括亨特利（Stephen Hendry）、奧蘇利雲（Ronnie O'Sullivan）、威廉斯（Mark Williams）等，均為其桌球推廣公司旗下王牌。Ian Doyle 委派星探邀請爸爸與我，從 Plymouth 乘坐頗為驚嚇的螺旋槳飛機，前往蘇格蘭總部見面。與 Ian 共晉午餐後，他帶著我們參觀其辦公室，如數家珍地介紹旗下球員與自己的身家財富，還邀請我們到他家中作客。

Ian Doyle 開宗明義欲把我收歸旗下。儘管他開出的條件並非太吸引，甚至比想像中差（「食水」頗深），但

CueMasters

STEPHEN HENDRY MBE
NIGEL BOND • MARTIN CLARK
ALAIN ROBIDOUX • KEN DOHERTY
STEPHEN LEE • RONNIE O'SULLIVAN
GARY WILKINSON • STEPHEN MAGUIRE
DREW HENRY • BILLY SNADDON • DAVID GRAY
FERGAL O'BRIEN • DARREN MORGAN • ALAN BURNETT
DENNIS TAYLOR • ANTHONY HAMILTON • MARK WILLIAMS
JAMIE BURNETT • MARCO FU

WINTER 1998   NEWSLETTER No.43

HONG KONG ACE JOINS CUEMASTERS

MARCO FU SIGNS FOR IAN DOYLE

Marco Fu, the most exciting young prospect in world snooker, has signed a three year contract for Ian Doyle's world famous Cuemasters Organisation.

The twenty year old from Hong Kong has added his name to the record books in this his first year as a professional, by knocking in a fantastic twenty century breaks in just 22 matches, the twenty centuries in professional competition were achieved faster than anyone else in the history of the game. He followed this by finishing Runner-up to his new Cuemasters stablemate Stephen Lee in the Grand Prix in Preston, winning £32,000.

Marco, the winner of the prestigious IBSF World and World Under 21 Titles in 1997, is already No.51 on the provisional world rankings, after beginning the 1998-99 season at No.377.

Ian Doyle, the Chairman of Cuemasters, reckons that Marco has the potential to take him to the very top of the snooker tree adding, "We are delighted that a player of Marco's outstanding quality has joined the Cuemasters organisation. A number of large commercial companies both in the UK and South East Asia have already expressed an interest in sponsorship and endorsement contracts with Marco."

Marco, who started playing snooker when he was nine in his native Hong Kong, moved to Canada for six years, when he was twelve, but he is now once again based in Hong Kong, where he has won a number of tournaments.

After signing the contract, Marco commented: "It's an honour for me to join the best squad of snooker players in the world. To be a team-mate of such remarkable players as Stephen Hendry, Ronnie O'Sullivan and Ken Doherty is a dream come true."

Marco Fu

THAILAND MASTERS

Eleven Cuemasters Favourites to make the trip to Thailand.

Following the final qualifying round of the Thailand Masters, three more of the Cuemasters players, namely Billy Snaddon, Darren Morgan and Jamie Burnett have joined the other eight from their stable in the First Round Draw, which now looks like this:-

STEPHEN HENDRY v Paul Davies	RONNIE O'SULLIVAN v DARREN MORGAN
ALAIN ROBIDOUX v Quinten Hann	NIGEL BOND v Dave Finbow
Tony Drago v Euan Henderson	Steve Davies v Dominic Dale
MARK WILLIAMS v Hugh Abernethy	Peter Ebdon v Paul Hunter
John Parrott v Dave Harold	Alan McManus v Matthew Stevens
STEPHEN LEE v BILLY SNADDON	ANTHONY HAMILTON v Joe Swail
James Wattana v Bradley Jones	Mark King v JAMIE BURNETT
KEN DOHERTY v Dean Reynolds	John Higgins v Ian McCulloch

(Cuemasters Players are in capitals)

The event takes place 1st-7th March.

◎當時得到桌球界金牌經理人Ian Doyle的垂青，成為旗下的桌球手，令我難以置信。

人在異鄉，至少有人照顧，代理所有事務包括訂機票、火車票、報稅、找贊助、安排表演賽等。作為一位新人，只打了十來場比賽便獲經理人招攬，有機會跟亨特利等做同事，其實我開心也來不及。當時，我以為前途將會一帆風順。

• 首戰職業賽決賽圈 •

同年十月中旬，我前往普雷斯頓（Preston）出戰個人第一項職業排名賽格蘭披治決賽圈賽事。來到享負盛名、級數僅次「桌球殿堂」克魯斯堡（Crucible）的 Guild Hall，心情與參加外圍賽時截然不同。此刻的我，帶著一種榮譽感，在後台首次近距離見盡所有偶像級球星，既是粉絲又是球員，感覺非常神奇。還沒上陣，心頭已激起千重浪。一眾巨星當中，亨特利令我留下最深刻印象。當時，亨特利正值全盛時期。他擁有強大氣場，渾身散發著「The King」桌球皇帝的架勢，令人望而生畏。至於戴維斯（Steve Davis），小時候在電視看他打球，我現在卻跟他參加同一項比賽，簡直不可思議。

除了兩位球王外，奧蘇利雲及希堅斯（John Higgins）等當時的後起之秀同樣光芒四射。第一位主動跟我搭訕的頂級球星，你猜猜是誰？那就是威廉斯。一位曾經練習拳擊的冠軍人馬，在後台等上陣時卻突然八卦：「你是否跟 Ian Doyle 見過面？談了甚麼？簽約了嗎？」性

◎ 沒想過可以近距離與兩代球王戴維斯（右）及亨特利（左）見面。

格豪爽，略帶粗魯，快人快語，Mark 就是如此的不拘小節，這在職業桌球圈裡算比較鮮見。

格蘭披治決賽圈賽事由六十四強開始。由於這是首次參加決賽圈賽事，所以我沒想過要走到多遠。心態是見步行步，不給自己太大壓力，保持既輕鬆又興奮的心情，希望盡量做到平常心。「輸咪輸囉！」首場面對曾經打入世界賽四強的 Andy Hicks，領先三比零後，我居然連輸四局，以三比四落後。可幸，頂住壓力連下兩城後，最終以五比四險勝，先拔頭籌。第二場，又先落後兩局，最後反勝 Drew Henry，有驚有險地取得兩連捷。
躋身第三圈十六強，我便遇上他——桌壇奇才、外號「The Rocket」的奧蘇利雲。當時，心頭不禁湧起一陣寒意，我對自己說：「別輸得太難堪」。然後，我求神拜佛希望他別用左手打球，你知道嗎？如果 Ronnie 左手都能擊敗我，那真是個天大打擊！事實上，Ronnie當時經常在比賽中突然改用左手出 cue。所以，「贏唔緊要，唔好玩我」這八個字一直在我腦海盤旋。在我那自以為是的印象中，Ronnie 囂張、不友善、是個「麻煩友」。總之，要盡量保持距離。

• 巨星 vs 新丁 •

賽前輿論一面倒，所有人都認為我不可能獲勝。實不相瞞，我自己亦有同感。其實，對著當時世界第三的奧蘇利雲，怎可能保持平常心呢？心情七上八落，忐忑不安才是正常。當司儀介紹我進場，掌聲寥寥；到 Ronnie，歡呼聲震耳欲聾。「嘩……巨星就是巨星，果然與別不同。」我心想。還未定過神來便要開賽，打了兩、三 cue 便「撻死」，Ronnie 可自由選擇擺放白波位置。我以為自己必死無疑，沒料到他只打了四十多度便失手。接著，我一桿清檯打出八十二度，居然以八十二比

◎頒獎給我的是愛爾蘭名將及1997年世界冠軍 Ken Doherty。

五十三先贏第一局。當時，我緊張得要命，根本不知道為何成功起 break。總之，局數領先一比零，「OK，起碼不用吞蛋！」我又自言自語了。

第二局，我糊里糊塗再打一棒六十八度，贏六十九比零，局數領前二比零。開局好，我的心神也安定下來。不過隨後的十五分鐘內，Ronnie 連環兩棒九十七度和134 度，轉瞬間追平二比二，並讓我見識到真正的「火箭威力」。進入小休，心情頗為輕鬆。一名新丁半場跟「火箭」打成平手，還不滿意？我差點兒慶祝他沒玩弄我。小休過後，我們重回賽場進行第五局，我轟出「過百」123 度，這亦是職業排名賽決賽圈首棒 century，我再次領前局數三比二。

第六局，戰況膠著，我倆都未能起 break，要爭打顏色波。在我心目中，神級的 Ronnie 應該不懂得緊張，等於亨特利不該手緊一樣。但在這一局，我看到一個稍微緊張的 Ronnie，可能因為這局十分關鍵，落後至二比四與追平三比三乃天淵之別呢。原來，強如 Ronnie 也會犯錯，被我伺機打進藍波及粉紅波，再贏一局七十比四十九，擴大領先局數至四比二，率先搶到致勝分（match point）。此刻，我開始相信有機會獲勝。

第七局，我打出 one cue game（一桿制勝），起 break 八十四度，以八十四比十四、總局數五比二勝出。常言道，由於有壓力，制勝一局最難贏，如何跨過 winning line 最考驗球手。首次擊敗奧蘇利雲的這一局，我像是吸口氣、閉上眼，就盲衝過終點線一樣。這一局，開波把握一個機會，上手便盡情起 break，從沒考慮假如打失會有何後果。回想起來，我只是憑感覺、咬住一道氣去贏，我的技術其實很幼嫩，但勝在沒什麼可以輸的心態。這可能就是所謂的初生之犢不畏虎。

奠勝一刻，開心到不行了，我不但贏了比賽，也贏得觀眾掌聲。「第一個比賽你打得非常好，你真的可以贏冠軍，你要相信自己。」完場握手，Ronnie 非常友善地跟我這樣說。無知的我還以為他只會嘲弄人，我錯了。我擊敗 Ronnie 屬於超級大冷門，場館內異常哄動，亦有特別多人出席賽後記者會，英國報章以「A star is born（一顆新星誕生）」來形容我。有英國傳媒告訴我，當日全國有幾百萬人透過《英國廣播公司》（BBC）直播看我打球，又說我一戰成名，其他球手亦開始留意我云云。這一切，都讓我感到有點不知所措。

那天晚上，我觀看《英國廣播公司》訪問重播，得知 Ronnie 輸掉球賽後，在後台碰見亨特利。二人討論這場賽事並不停地笑了兩分鐘，亨特利跟 Ronnie 說了句：「他連一球都沒打失，你怎可能贏呢？」這意味 The King 也在看球，還給我讚許。翌日八強前，我們在後台相遇。亨特利主動跟我說：「Well done！Good luck！」短短一分鐘，簡單幾句話，對他來說很普通，對我卻意義非凡，影響深遠。

二十四小時內，發生了太多太多事。

一切如夢似幻。

戰勝奧蘇利雲，為我整個職業生涯帶來既深且遠的好影響。此仗令我相信自己，相信自己可以，這比一切都重要，之後我愈戰愈勇。八強以五比三淘汰艾頓（Peter Ebdon），四強再輕取史摩爾（Chris Small）六比一，成為史上第一位首次參加職業排名賽便闖入決賽的球手。王者戰對手是排名前十六的李爾（Stephen Lee），我只知他cue action很漂亮，cue power很大，其餘便一無所知。

由於晉級過程一直表現不俗，加上 Ronnie 說過「你真的可以贏冠軍」，我對捧盃倒是信心滿滿。決賽當日，又是另一種心情。開賽前，雙方在冠軍獎盃前握手合照，看著近在咫尺的獎盃，我忽然非常緊張。「我真的可以嗎？」雖不至壓力爆煲、手軟腳震，惟受到全場注目，我確實感到渾身不自在，最終影響臨場發揮。誠言，李爾有著超人般的演出，開賽後，我沒有得到任何機會。每失掉一個關鍵球，立即就被他打個落花流水。完成第一階段前八局賽事後，我以二比六大幅度落後。

中場休息時，我收到很多意見。「落後四局並非如想像中那麼遠，只要在第二階段打個三比一，已可追至五比七了。」擔任評述的名宿 Willie Thorne 安撫我說。

我雖不曾放棄，奈何李爾打得實在出色。基本上，我只是負責開球，然後乖乖的做觀眾。最終在第二階段，我再連失三局，以二比九慘敗，與冠軍擦身而過。輸掉決賽，其實我並沒感到太失望。說到底，第一個職業賽便拿亞軍，贏了眼球、賺了曝光，世界排名由 337 位一躍升上前六十位，夫復可求？

首項職業賽即奪亞的戰績不僅在英倫受到注視，亦同時震撼香港體壇。爸爸和我返港那天，有過半百名來自體育版、港聞版、財經版及娛樂版的傳媒接機，赤鱲角新機場特地安排我走貴賓通道，又安排 VIP 房間讓我接受訪問，這一切都讓我感到受寵若驚。與此同時，各式各樣的提問蜂擁而至。「你有甚麼擇偶條件？」某電視台娛樂節目主持這一問，令人好不尷尬。「你有否打假波？」某報章體育版記者的質疑，則讓我感到不是味兒，很掃興，心裡往下一沉……

讚譽與批評從來並存。也許，這就是所謂「成名」的代價。

傅家俊首個職業賽格蘭披治成績逐場睇

●外圍賽●
Overseas Qualifiers 5 比 3 勝 Adrian Gunnell（英格蘭）
96 強 5 比 0 勝 Mick Price（英格蘭）

●決賽圈●
64 強 5 比 4 勝 Andy Hicks（英格蘭）
79 － 2；82 － 7；97（65）－ 48；12 － 73（51）；29 － 87（69）；
23 － 71；66 － 74（65）；108（54、54）－ 10；108（77）－ 4

●三十二強●
5 比 3 勝 Drew Henry（蘇格蘭）
45 － 60；45 － 74；71 － 33；79（64）－ 40；56 － 48；
61 － 52；5 － 89（65）；70（66）－ 11

●十六強●
5 比 2 勝 奧蘇利雲（英格蘭）
82（82）－ 53；69（68）－ 0；0 － 101（97）；0 － 142（134）；
123（123）－ 0；70（55）－ 49；84（84）－ 14

●八強●
5 比 3 勝 艾頓（英格蘭）
70 － 67；111（56）－ 23；71 － 39；12 － 77（69）；
49 － 75；58（53）－ 62；70 － 49；64 － 51

●四強●
6 比 1 勝 史摩爾（蘇格蘭）
83（63）－ 42；65 － 32；103（58）－ 25；25 － 107（107）；
82（77）－ 1；71（51）－ 15；60 － 32

●決賽●
2 比 9 負 李爾（英格蘭）
8 － 115（50）；0 － 128（128）；17 － 75（75）；
0 － 130（66、64）；82（82）－ 4；33 － 99（66）；0 － 77（70）；
85（85）－ 12；0 － 107（90）；1 － 93（57）；5 － 106（106）

* （ ）內為一桿最高分

成名代價

英國格蘭披治一戰成名後，一下子被捧了上天，我的小小世界突然被顛覆了。一方面，受到球迷愛戴寵幸。另一方面，背後難免有流言蜚語，實在令我百般滋味在心頭。

自 1997 年由溫哥華重返香港發展後，我一般長駐位於尖東的東亞桌球會練習，並象徵式收取月薪，無需教波或陪客打球，只是作為桌球室的生招牌，此乃當年香港桌球室頗為流行的經營手法。勇奪 Grand Prix 亞軍返港後，無疑吸引很多慕名而來看我打球、拍照和索取簽

名的朋友。他們來自社會不同階層和行業，男女老幼都有，更曾有女粉絲給我自製各式各樣的美食，想來也甚為窩心。

除此之外，還經常收到不同人寄來的不同東西。最近聽媽媽說，她在老家找到一封完整無缺、從來沒有被拆開的信。那封信，原來是當年一位七十四歲的老球迷寄往東亞，是給我的。他信裡面說，希望有機會跟我合照或請求讓我寄他一張簽名照以作留念。可惜我倆沒緣份，我不曾拆閱，因此錯過答謝這位老人家的支持。媽媽對此，感慨萬千。

● 癡情球迷 ●

足球場上，球迷是最有力的第十二人。同樣桌球檯外，球迷也是我的最強動力之一。不過，偶爾總有一、兩位過度熱情的球迷。「你懂得打花式嗎？咸篩呢？」他們不厭其煩地逗留數句鐘，為的只是跟我聊幾句。我不好意思狠下逐客令，但又確實影響了練習。怎辦呢？我唯有使出兒時絕招，亂打一通，刻意打失，好讓他們看得沒了癮頭，最後自動離場。又有一些神通廣大的球迷，

有男有女，他們總有辦法得知我行蹤，經常如影隨形，這多少令我感到不安。最特別的是，我收過不少電話，第一句便說：「傅家俊，我好鍾意你！」

成名之初，我有點無所適從，不懂得如何處理的事情實在不少，因而全數交予經理人安排。無奈外界卻以為我在擺架子，無意間開罪別人而不自知。那時候我不懂說不，不懂得適當分配時間，不停接受訪問，打亂了生活規律，導致練習分心。最後，我為此付上代價。

● 次場職業賽即遇滑鐵盧 ●

留港約三星期後，我再次踏上征途，參加人生第二項職業排名賽——桌壇三大滿貫賽事之一的英國錦標賽（UK Championship）。回到英國後，我發現情況有不少改變。格蘭披治的小成功，為我帶來一些捧場客，尤其是當地華人，我甚至吸引了香港報章駐英國記者前來對我作貼身採訪。與此同時，我提高了對自己的期望和要求，希望乘勝追擊。可惜，首圈以九比四淘汰 Gary Wilkinson 後，第二輪便不敵世界排名七十位以外的 Matthew Couch，三十二強出局。這場比賽，我打得超爛。

上次格蘭披治殺入決賽，跟今次英國錦標賽 32 強止步的反差實在太大。出現如此大落差，歸根究底，只能怪自己獨沽一味，單靠比較準繩的 pot 波，惟 set cue 水平太低。手風順的話才能贏波，否則只能捱打。簡單說，未夠班！其實，Ronnie 在今次英國錦標賽期間，曾專程來捧場看我比賽，應該是有一點點欣賞吧。然而看過兩仗後，他再沒出現，可能認為我只是虛火吧！事實上，我第一個職業球季有點高開低走。自贏取格蘭披治亞軍後，我真正感受到前所未有的壓力。對自己要求

◎克魯斯堡是桌球壇最高榮譽殿堂，每個桌球手都希望可以在此出賽。

高，反而導致不能發揮應有水平。然後狀態持續低迷，未能再於排名賽擠進十六強。原來，殺入三十二強已是首個職業球季的最佳成績，這或多或少也是一種打擊。

跟紅頂白屬平常事。當戰績接連不濟，我知道有少許人曾表示，對此感到心涼。令我心寒的是，這些表面歡容，見面時甚至把「偶像」二字掛在口邊的朋友，原來明讚暗踩。或多或少，我感到失望。面對種種人情冷暖，說不難受是騙人的。後來，我想通了。他們是看倌，他們是觀眾。觀眾絕對可以隨意發表意見，甚至肆意批評，正如球迷看足球比賽時，可以嘲笑C朗拿度射失十二碼、曼聯又輸一場等等。他們的存在，其實是一件值得高興的事。這事啟發了我：凡事保持正向思想，才有足夠好的心態面對得失，面對成敗。

● 首戰世界錦標賽 ●

不經不覺，我的首個職業球季已來到每季最後一項、也是最重要的大賽——世界桌球錦標賽。儘管季中成績跌宕起伏，但此刻似乎有點起色。我在外圍賽表現平均，連贏四仗，期間打出來的水平甚至比格蘭披治奪亞時為佳。最後，我這位新人成功躋身世錦賽決賽圈，有機會在克魯斯堡（The Crucible）亮相。這一刻，實在令人雀躍不已。

克魯斯堡是桌球壇最高榮譽殿堂，這裏好比足球的溫布萊球場、網球的溫布頓中央場、 NBA 的麥迪遜花園廣場。克魯斯堡位於英國 Sheffield 一座愛丁堡式的古老劇院內，自 1977 年起成為世界桌球錦標賽決賽圈的比賽場地。主場館只設千多座位，看似細小，但極具壓迫感。當同時開設兩球檯作賽時，觀眾席與球員座椅近在咫尺，球迷幾乎觸手可及球員。克魯斯堡這裡，就是有一種難以言喻的懾人氣勢。

當時有感狀態回升，我甚至奢望於克魯斯堡的表現更上層樓。終於等到決賽圈抽籤結果出爐。首圈三十二強，我將與「泰國之虎」華達拿（James Wattana）交鋒，這亦是世界桌球賽歷來首次上演亞洲球手內訌的賽事。可以跟自己欣賞的球星對壘，我既開心又期待。當時，我相信這是一支上籤，畢竟華達拿已開始走下坡。

◎泰國桌球名將華達拿（James Wattana）。

◎首季職業賽年終排名由第377位升至35，令我興奮不已。

我的實力「應該」在他之上，有望爭勝。

可惜，事與願違。首次亮相克魯斯堡一刻，我心跳不斷加速，緊張到不行了。經驗不足的我，一時間未及適應這種大賽環境，力戰下仍以八比十敗走，首場三十二強提早畢業。隨著亨特利當屆再度封王，我的首個世界錦標賽亦告落幕。賽後，大會公佈年終世界排名：我名列第三十五位。沒錯，1998/99 處子賽季以超額完成季前給自己定下的前六十四名目標，總算劃下一個「雖不完美，卻沒遺憾」的句號。

Dear Marco
......by 爸爸

「早年我和傅家俊之間出現磨擦，我承認有部份原因是因為我管他非常嚴厲。如何管他呢？就是我希望 Marco 打好桌球，能好好練習，可他偏偏不肯，寧可跑去打籃球。」

那段性格不合的時間，是在他十三至十七歲的時候，那時是反叛期，Marco 時而打桌球，忽然又去打籃球。大家看事情的角度不一樣，我說東，他偏要去西。那時我們感情不好，但因為我要負責帶著他去打桌球，很多時只好默不作聲，背對背，總是不瞅不睬，直至到英國打球的日子才開始變得正常。那時 Marco 已經十八、九歲，性格開始定下來了。

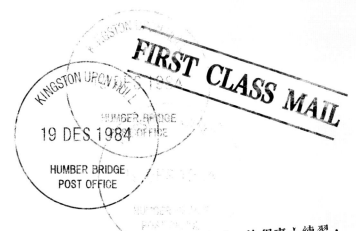

我經常對 Marco 說：「如果你希望將來打職業桌球，就得專心練習，不能抱著隨便輕鬆的心態。」但他就是不愛聽，結果我倆格格不入，小孩子就是這樣，那時候我們不大協調。

直至十八歲，Marco 終於懂了！他見識到其他職業球手的榜樣，知道該怎麼做，但技術方面如何修正，我可完全沒有這個本事，所以有一段時間感到非常困擾。我知道他絕對有天份，但基本功不及別人，其他球手有教練糾正技術，我們卻沒有，直至遇到 Terry Griffiths（基夫斯）的階段，才把一切都修正過來。這正是傅家俊的生涯有這麼多起落的原因！以我的觀察，如果基夫斯從 Marco 一開始打球就在旁指點，他生涯的成就一定不止於此。如今看來，會覺得他錯失了一個黃金期。

傅家俊當年打球固然是遇到過低潮，但我從來沒有後悔過讓他踏上這一條路，因為這是必經階段。由始至終，我對 Marco 的能力都充滿信心。從一直陪伴他左右，到放手讓他獨個兒踏上征途，這段時間應該有十至十一年之久，如今他已成家立室，自然更加不用我操心，因為他對一切都可以完全掌握和熟稔。從前總是伴在他身旁，是因為我怕他被人騙，辛苦打球贏來獎金遭人騙財怎麼辦？但始終還是被騙了，而且還是金牌經理人，以為他們是可以相信的，誰知就是他們才不可信。

這些年來，看到 Marco 的技術進步許多，基夫斯兩父子 Terry 和 Wayne 實在是他的恩人，每次揪到 Wayne 我都會致謝。他們父子倆著實糾正了傅家俊的壞習慣，很多時你打球培養出壞習慣，自已是不知道的，這需要一個懂得看球的外人從旁指正。亨特利是七屆世界冠軍，可他仍要向這位老人家請教，可想而知 Terry 的水平實在是超班。

早年看 Marco 打球，百思不得其解他為什麼拿不到更好的成績，殊不知他的技術原來「未夠班」。如今心境不同了，冠軍只有一個，要知道世事無常，能否拿冠軍，其實是上天注定。打比賽不要去想著拿冠軍，應該要想如何把球打好，怎樣贏得觀眾緣，如何拿到好成績，加強日後的自信。今天的傅家俊是做到了這些，他專心打球，看淡勝負。做人只管想著當下就可以了，其他的，毋用多想。

這些年來，Marco 打比賽最令我激動的，就是 2007 年格蘭披治決賽以九比六擊敗奧蘇利雲贏得第一次排名賽冠軍。那時我很緊張，卻沒有看，連決賽開打都不知道，我在桌球室打球，其他人跑來告訴我說傅家俊贏了冠軍才知道。

另一次則是 2010 年廣州亞運擊敗丁俊暉贏得個人賽金牌，都令我很激動。畢竟，他已經拿過隊際金牌，單打奪金證明了他的能力，這是令我最開心的。其實一直以來他輸得太多，我都早

臻化境，習慣了。如今他比賽我仍會看，但已經不再緊張，而且單看他出場時的氣勢就知道他能否勝出那場比賽。有時候，Marco 就是會莫名其妙地敗給一些名不經傳的球手。

我酷愛桌球，看到 Marco 現時有點成就，爲他感到驕傲、開心是理所當然的。未來的日子，希望他尊重自己的事業，千萬不要輸一、兩場比賽就放棄，或是失落沉淪。只要沒有眼花、手震，還能打的時候就繼續打。始終，這是一門專業。從前可能是鬧著玩，但如今養妻活兒都是靠它，所以能打就繼續打，將來退休的時候就回饋社會，當個教練，免費培育下一代，不談金錢回報，協助推廣這項運動，給年青人一個機會，把自己的心得傳承下去。

Chapter Three

人生低谷又如何

0·1·2·3·4·5·6·7·8·9·10·11·12·13·14·15·16·17·18·19·20

6

假波誘惑

◎賽前與其他球手到海洋公園進行訪問作宣傳。

金錢世界充滿誘惑，職業體育舞台的利益輸送同樣令人鬼迷心竅。足球、網球等項目不時傳出假波醜聞，時有球員、教練甚至裁判被定罪。可惜的是，桌球也不能幸免於難。面對種種引誘，人必須意志堅定，緊守原則，否則因霎時貪念便會「一鋪清袋」，抱憾終生。

1999年準備展開第二個職業球季之前，一項名為「有線千禧盃」的季前熱身賽於七月份在香港舊麗晶酒店舉行，我當時所屬經理人公司「Cuemasters」旗下四位球星包括亨特利、奧蘇利雲、威廉斯及李爾（Stephen

Lee）獲邀東來獻技；加上其他三名香港球手陳國明、陳偉達及王迪凡進行表演賽，人強馬壯，戲碼吸引。這是相隔多年之後，再次有頂級職業球員來港作賽，傳媒關注程度相當高，球迷固然引頸以待，我亦滿心期待，但心底裡卻有點為難。

主場比賽，從來都是雙面刃。轉戰職業後，我一直在香港以外作客比賽，缺少主場觀眾支持。今次終於主場，理應滿心歡喜。固然，主場佔盡天時地利人和；但同時人人注視，又多親朋戚友來捧場，還有不少人問我要門票，壓力百上加斤，其實不少職業球手都有同感。所以，他們一般習慣在主場作賽時關掉手機，免受騷擾，惟我當年輸經驗，手機長開。

我在千禧盃的第一場對手正是李爾，這個英國格蘭披治決賽翻版對大家來說，是一大噱頭。大家都想看傅家俊「復仇」，可我卻不以為然：也不過是一場比賽吧了！然而對某些人來說，這絕不是一場普通比賽。我發夢都沒想過，比賽前一晚竟會收到「午夜凶鈴」。

◎ 當年有幸成為封面人物。

比賽前一晚，有位我們只是認識、談不上朋友的香港桌球圈中人，直接致電我家。當時爸爸接聽，對方單刀直入：「Marco 有沒有興趣跟我們合作？」原來，他要求我對李爾一仗打假波。不論比數，只需刻意輸掉球賽，開價二十萬港元。「我們不會參與這些事情，我就當作沒有聽過你來電吧。」爸爸斬釘截鐵地拒絕，對方發覺沒趣，便匆匆掛線。也許職業桌球員「搵食」可以很容易，但由返回香港展開職業生涯的第一天開始，我已經堅決向賭波、假波說不。我倒承認，我曾經在球館跟朋友「打波鐘」。

從爸爸口中得知對方來意後，我確實有點害怕，怕他不肯罷休繼續來電。在香港主場比賽、替朋友撲飛，本身已經甚大壓力，陣前還要被利誘打假波，當然倍感不安。因為即使我們斷然拒絕，但如果我真的輸了，亦生怕被人冤枉。那個「凶鈴」後，情緒受到困擾，猶幸這是我職業生涯唯一一次收到的假波誘惑，我亦希望那是最後一次。那次不愉快經歷，我從未向人透露，反正我沒有接受，生命亦沒受到威脅，故當時不願多說，只想盡快忘記，並重新投入比賽。

翌日與李爾對陣時，我偶爾也會想起那趟「凶鈴」。最後，我以零比五慘敗，再次成為他的手下敗將。我們實力本有差距，李爾又發揮出色，反觀我在歇暑期間疏於練習，狀態回落，根本無力爭勝。優勝劣敗，輸球十分正常，只是不曾預計輸得如此徹底。在主場球迷面前「吞蛋」，初出茅廬的我或多或少都會感到丟臉，情緒難免有點低落，回家沉澱過後，良久方能釋懷。

• 若然未報時辰未到 •

雖然那場表演賽我拒絕對李爾造假,但他數年後遭揭發的假波案,我卻被牽涉入內。其實,李爾一向是我的剋星,我跟他的對賽往績輸多贏少,直至 2008 年馬爾他盃(Malta Cup)那場小組賽。當時,大家都篤定無緣出線。在一場無關痛癢的比賽裡,我以五比一、歷來僅第二次擊敗他。這場比賽我打得很差,可是他打得更差。當時我不以為意,只管沉醉在那罕有的勝利當中。事隔五年,李爾被揭發涉嫌在 2008 至 09 年期間的七場賽事故意輸球,其中一仗正是我們那場馬爾他盃小組賽。我收到世界桌球總會調查委員會的來電,詢問我對該場比賽的意見,我直言李爾打得出奇地差。

結果李爾在 2013 年 9 月罪成,被重判停賽十二年,對已年屆三十八歲的李爾來說,等同「玩完」。作為職業桌球同僚,我感到非常可惜。李爾本是一位出色球手,贏過多項大型排名賽錦標,世界排名曾升至第五、六位,正處生涯巔峰,前途一片光明,根本毋須打假波,亦可賺取不俗收入。可是因一時貪婪,為了少許金錢,便斷送如日方中的事業,甚至整個人生。後來,他的生

◎ 沒有想過與李爾的一場表演賽會令我收到「午夜凶鈴」。

活相當潦倒，需要變賣球桿以及領取綜援金渡日。最近收到消息，一個香港人付了 1600 英鎊購買李爾一支舊球桿，他收到錢後卻「潛水」去了！一代球星淪落為一名騙子，實在令人唏噓不已。

相比起李爾的假波案，希堅斯（John Higgins）在 2010 年爆出的造假醜聞更為轟動。據了解，英國報章收到內幕消息，指希堅斯和經理人 Pat Monney 涉商談假波交易，於是派出記者「放蛇」，假扮商人偵查。記者以籌辦活動為名，先接觸 Pat Monney，取得信任後再提出造假交易。在世界桌球總會董事局佔一席位的 Pat Monney 一口答應，並安排「商人」與希堅斯會晤。之後兩人在烏克蘭首都基輔一間酒店內，與兩名臥底記者開門見山談交易，整個過程被偷拍下來。希堅斯答應收取三十萬歐元打假波，在未來四場賽事中，每仗輸掉指定一局。事件曝光後，引起軒然大波，Pat Monney 聲稱他們以為對方是俄羅斯黑手黨，為求活命才假意答應，不過希堅斯最後還是被罰停賽六個月。

我從報章上得知這宗新聞，完全不敢相信，因為我所認識的 John 是大好人一個。他不嗜賭博，頂多只玩玩啤牌，為人大方，從不斤斤計較。以他的地位來說，算是一點架子也沒有，我們也有著不錯的交情。即使他這醜聞看似證據確鑿，但時至今天我仍然覺得他是無辜。東窗事發後，不少球手對 John 的態度 180 度改變，迎面還會笑笑口，背後卻指指點點，可謂人性盡露，世界就是如此現實。

半年後，希堅斯回歸球壇，承受著「只要打失一隻波都會被指打假波」的巨大壓力，但他卻戰無不勝，連捧英

◎英國報章亦有報道我首季職業賽的成績。

國錦標賽（UK Championship）、威爾斯公開賽（Welsh Open）及世界錦標賽（World Championship）三大錦標，非常厲害。可能，就是因為他知道自己一球也輸不起，希堅斯用無懈可擊的成績讓大家無話可說。有誰知道，其內心卻一直抖顫。他受訪時說過，當時沒有面目再見同行，每次見到其他球員就像去看牙醫一樣——緊張、不安與畏縮。

雖說樹大有枯枝，而且一次都嫌多，但可幸職業桌球造假事件未算普遍。桌球本身就是一項難度甚高的運動，高手也有力不從心之時，強如亨特利亦曾以零比九落敗，卓林普（Judd Trump）面對世界排名 120 多位的無名小卒，同樣吞掉六隻光蛋，難道他們又打假波嗎？自「希堅斯事件」後，監察造假的制度更為嚴謹與完善。世界桌球總會轄下監察賭波的公平競技委員會，每天高度監視全球合法與非法博彩公司的所有投注，只要賠率出現異樣，他們便會立即採取行動，全力打擊假波交易。

7 旅英生涯

◎我是因為爸爸，開始接觸及愛上桌球。

亞洲球手要在職業桌球壇立足，除了靠本身實力，能否適應彼邦生活環境亦是一大關鍵。最初轉戰職業賽，我曾渡過兩、三載艱苦的旅英生涯。由於無法融入當地生活與文化，練習水平每況愈下，導致成績嚴重滑落，經歷了不單是職業生涯、更是人生第一個低潮期，似在茫茫大海中迷失方向……

完成了港、英兩邊走的首季職業賽（1998/99）後，前經理人 Ian Doyle 認為「飛人生活」令我疲於奔命，而且香港沒有具份量的訓練對手，故此安排我到英國居

住，方便練習和比賽。2000 年，爸爸和我飛往蘇格蘭北部 Stirling 租住一個單位，每月租金五百英鎊，面積約一千平方呎，環境不俗。由於兩父子均不善廚藝，爸爸曾煎蛋煎燶鑊，最後我們決定每日三餐都出外解決。

選擇 Stirling 落腳，不單為靠近經理人公司，方便照應，更多是因為慕「桌球皇帝」亨特利之名而來，有機會與偶像一同在當地有名的桌球館「Spencer」練習，你叫我怎能拒絕？那時候，亨特利每天例必由早上十至十二時作單人練習，十二至一時午飯，一至四時練習對打，我和另一位蘇格蘭球手麥佳亞（Stephen Maguire）都是他的訓練拍檔。亨特利雖有氣場，但樂意跟我練球，畢竟大家當時屬同一經理人公司，份屬「同事」。當時，這個超級球星非常專業，但不熱情，似與任何人也保持一定距離，彼此關係是職業圈的同僚，桌球檯以外並未有多大交流。

跟亨特利練習初期，心花怒放。久而久之，卻發覺不對勁，因我完全招架不住。我跟他的水平相差太遠，他在火星的話，我則留在地球，我只能為他「執波」。之後改與麥佳亞對練，以為會好一點，豈料更不對勁。他練習時特別厲害，經常擊敗亨特利。我和麥佳亞對打練習兩年，每天練一場九局五勝比賽，我就僅僅贏過一次五比三，根本無法匹敵。總括來說，我輸是常識，負二比五則是最常見的比數。如果有日「只」輸三比五，練習後那頓晚飯我會吃得頗為暢快！

現在説來輕鬆，但當時情況實在糟透，心理上我受到非常大的打擊。後來，我選擇逃避，索性每天延至下午三時才現身，單獨練習，或讓爸爸六十分作對打練習，盼挽回一點點自信。當時，我是一個既遲到又準時走的人。在亨特利與麥佳亞眼中，可能覺得這個傅家俊很

懶惰。可是要說出連練習也技不如人的真相，叫我情何以堪？直至多年後，大家憶起往事，我才坦然相告，「Stephen（亨特利），我是因你而來；Stephen（麥佳亞），我是因你而去。」三人對望，不禁失笑。

● 含淚離開蘇格蘭 ●

Stirling 是個好地方，我在當地從未遭受任何歧視。然而，這裡的冬天日短夜長，下午三時多經已月黑風高，加上練習屢戰屢敗，身邊又沒有朋友傾訴，兩父子只能繼續相依為命。致長途電話回港時，當然不會跟媽媽訴苦，總說過得很好、練得不錯，免得她憂心……久而久之，我感到孤單，甚是沮喪。由於長期缺乏合適的對練球手，我的水平日漸下降，心態更開始出現嚴重問題。每天只願練習三至四小時，技術差勁不在話下，成績不

進反退。我逐漸迷失方向，開始自暴自棄地「hea 打」，每日見到爸爸，更令我問心有愧。他陪著我呆在蘇格蘭，其實相當苦悶，失去自己生活，人生變得圍繞兒子的桌球事業在兜圈，奈何兒子卻不生性。我不想爸爸這樣過日子，他應該享受多一刻，快樂多一點。爸爸為我犧牲很大，但我的戰績乏善可陳，壓力愈來愈大，造成惡性循環，困在瓶頸，進退失據。

人生太順，也許不是好事。轉戰職業後，我在處子賽事一舉奪亞，首季年終排名由 377 位飆升至三十五，第二季（99/00 年）再攀上第十五位，成為繼奧蘇利雲及 Alan Mcmanus 後歷來第三位僅花兩季便躋身世界排名前十六位的球手。轉戰職業以來，我幾乎沒有遇上任何挫折。當時，前十六位的球員是「受保護動物」，每項排名賽均可獲豁免參加外圍賽，直接從決賽圈三十二強起打。本來，球員能夠躋身世界前十六這個精英行列後，一般都「有入無出」。原因之一是因為贏在起跑點，所有排名賽直入決賽圈有助鞏固前十六位置，二是因為大家都會拼命保住位置，但我偏偏是個另類。第三季（00/01 年），我只贏出三場比賽，僅晉級十六強三次，其餘全告首圈出局。如此不濟的一季來到尾聲，在世界錦標賽首圈對戰 Chris Small，獲勝的話，年終排名仍能保住第十六，落敗則會跌至第十七。結果我輸了，輸八比十，僅一季便跌出前十六。

猶如過山車的職業生涯在第四季（01/02 年）還得繼續，或應說進一步倒退。屢戰屢敗、屢敗屢戰、再屢戰屢敗，無限 loop 到一個逢打必輸的點……第四季年終排名進一步跌至第二十七位，信心直插谷底。此刻，我深切體會飛得愈高，跌得愈痛的痛苦，更曾消極地寧願當初沒有經歷贏得英國格蘭披治亞軍這高峰。然後，我醒了，我強烈意識到形勢之嚴峻。2002 年底，爸爸與我決定離開蘇格蘭，結束旅英生涯，選擇重新於港英兩地飛來

飛去的「飛人生活」，並定期前赴威爾斯，跟隨經理人公司御用教練、七十年代名宿基夫斯（Terry Griffiths）學藝。在基夫斯的循循善誘下，我才驚覺自己的基本技術存在極大問題，由出 cue 姿勢、力量到角度等，幾乎沒有一項做得正確。

• 第五季回港尋回自我 •

重回香港紮根，心情明顯好轉，感覺一切事情都重返正軌，第五季（02/03 年）成績亦始見起色。2003 年世界錦標賽首圈抽中對手奧蘇利雲，他在比賽中轟出史上第二快時間的 147 滿分，但我仍能以十比六奏凱，這是我職業生涯中，首場於世界賽決賽圈的勝仗。第二輪我再以十三比七淘汰 Alan Mcmanus，首度打入八強，可惜隨後就以七比十三不敵李爾，無緣準決賽。沒錯，又是李爾，我們的緣份確實不淺！即使未能再進一步，但八強已算是當時一大突破，更重要的是讓我重拾不少信心。

世界錦標賽結束後，我隨即轉戰桌球超級聯賽（Premier League Snooker），這是一項由英國著名體育推廣公司 Matchroom 主辦的桌球邀請賽，獲邀參賽球手粒粒皆星，包括「四大天王」亨特利、奧蘇利雲、威廉斯及希堅斯，還有兩位殿堂級球星戴維斯（Steve Davis）和韋德（Jimmy White），我有幸以亞洲排名最高球手的身份出戰。能夠獲邀參加，本身已是一項榮譽。

此前，我們七名球員季內進行了首階段單循環初賽，奧蘇利雲、威廉斯、希堅斯與我取得四強席位，並於世界賽後、同年五月會師爭逐錦標。繼早前世界賽後，我在準決賽以六比四再次戰勝奧蘇利雲。那些年，原來我曾經是「火箭剋星」。等了五年，我再次打入職業賽決賽，心情不可同日而語，多了一份感觸，少了

一點蠻勁。在超聯決賽上，我面對剛剛第二度榮登世界冠軍寶座的威廉斯。未敢抱太大期望，我只管放鬆心情，盡力而為，最後竟又被我以九比五獲勝，忽然贏得首項職業賽事錦標。經歷在蘇格蘭那近三季低潮後登頂，感覺如釋重負。

最有趣的是，雖然我捧走他的超聯獎盃，但似乎有人比我來得更開心。此人，就是奧蘇利雲。話說，賽後返回酒店，我在大堂碰見奧蘇利雲。當他得悉我獲勝後，興奮到不行了，情不自禁上前把我一擁入懷：「Come on, Marco! Well done!」我跟 Ronnie 交情的確不錯，但那天他如此高興，其實不是因為我贏，而是因為威廉斯輸。這兩位「性格巨星」不咬弦，在職業球圈中人所共知。他們互看不順眼的嚴重程度，就是即使迎面碰見對方，亦會當作沒見到。奧蘇利雲討厭威廉斯的程度，已達必須在其首部自傳《Ronnie》內批評對方「傲慢」，並寫到「在桌球壇內，我想不到有任何人喜歡威廉斯，他是一個很難相處的人。」這種必須以文字紀錄把恩怨存底的情況，實在令人啼笑皆非。

話說回來，這次勝利對我來說別具意義。超級聯賽雖然不是排名賽，但仍然是職業賽。能夠戰勝這六位桌壇傳奇封王，讓我重拾自信、讓我再次看得見未來、讓我勇敢地走下去。

當興趣變負累

只是，好景不常，贏得超聯冠軍後的起色是短暫的。「沒有最低，只有更低」可能是我職業生涯前半部份的最佳寫照。你試想想？假如當自己最愛的興趣變成一種負累，那種痛苦、那種無力感實難以言喻。

回望過去十九個職業球季，我會把它分為兩個階段──1998 至 2008 年的「起伏期」，以及 2009 年至今的相對「穩定期」。職業生涯首十年裡，我的低潮頗多，甚至可以說是一浪接一浪。當中絕大部份時間都位處世界排名前十六⋯⋯以外。當時賽事數目較少，感覺上每季

勝仗都是寥寥可數。2003年第五季末，捧完超聯冠軍後的我再度沉淪，往後兩、三季的技術水平更來個大倒退，遇上事業上的真正最大危機。

• 2005 大難關 •

時至2005年，這年算是我事業方面，最有挫敗感的「真•低潮」。當時的每場比賽都技不如人，被打得敗仗連連，導致信心崩潰。就算面對實力和排名均遠遜於己的對手，亦贏得甚為驚險，球技水平急促下降，一整季只能打出五桿「過百」，連業餘球手都不如。

原本，桌球是我最大的興趣，但自從轉打職業後，興趣不再是興趣。興趣就是玩票性質打桌球，哪怕是「撻Q」或敗陣，都可以嘻嘻哈哈，就如跟友人打籃球射空氣也很開心。業餘興趣跟職業，當然是兩碼子的事。每場職業賽都關乎排名與積分，也許是個人問題，我的心態漸漸由過往單純享受打桌球的樂趣，變成太過著重得失成敗。贏了才開心，輸了便失落。體育競技永遠現實又殘酷，勝者為王。然而，當時我長期輸多贏少，人開始變麻木，我甚至害怕參加比賽，桌球變得不再有趣，而是一種精神負累。當興趣變成負累，一切都變得痛苦。

除了自己不濟，外圍環境亦同時發生急劇變化。上世紀八十年代，桌球於英倫三島曾經盛極一時，一場決賽曾錄得1850萬人收看。即使我在1998年轉為職業球手時，那依然是桌球的黃金年代，多家煙草商如Embassy、Benson & Hedges等每年贊助起碼五至六項大型賽事，而且獎金豐富。同樣是2005年，歐盟全面禁止煙草商贊助體育比賽，對桌球與其他運動如賽車等造成極大影響。當季，世界排名賽總數即時由八站削減至五站。由於贊助費大減，世界桌球總會只好自掏腰包以支付賽事經費和獎金，跟全盛時期相比，獎金最少減半。在大型

賽事減半的情況下，電視台播映桌球的興趣也驟降，部份球手的私人贊助亦遭裁減，雪球效應一發不可收拾。職業桌球圈步入前所未有的冰河期，同坐一條船的全行球員均受影響，減薪一大半是基本。

當時，我對自己的事業、以至整個桌球行業都感到非常憂慮。我們感到徬徨無助，但事實上球員的位置非常被動，因為這困境並不在我們的控制範圍之內，而是需要世界桌球總會尋求解決方案。可惜當年主席不善管治，未能為世界桌球進行及時的改革或帶來新元素，最終令當時桌球壇變成一潭死水。面對如此惡劣的內、外因素，我確有作轉行或失業的最壞打算，奈何難覓出路，唯有見步行步，首先做好自己，希望明天會更好。

● 自己事業自己救 ●

我二十歲出道打職業賽，桌球是我第一份工，亦是我出道七年以來唯一一份工。因此，即使要我放下球桿轉行，老實說，我實在不知道還可以做甚麼。面對種種挫折，我痛定思痛，決定必須找到辦法，儘早走出這個死胡同。2005 年，我曾經尋求香港體育學院的心理輔導，然而效果並不顯著，頂多讓我心裡好過一點，惟心理專

◎ 除了出戰個人賽事，亦會與香港隊友出戰團體賽。

家總不能助我的出桿變直，我知道一定要求助於教練。同年年底，我決定花更多時間飛赴威爾斯，再次跟隨基夫斯（Terry Griffiths）練習、改善球技，例如縮短拉桿動作、加強白波控制方向、提升得分能力等。

儘管隨後發揮仍有起伏，但數月內成績已再次穩定下來。2006 年，我更是八季以來，首次打入世界錦標賽四強。晉級過程中，我先後以十比三輕取 Alan McManus、十三比四攆走麥佳亞、十三比十淘汰杜靴迪（Ken Doherty），晉身四強。準決賽面對 Peter Ebdon，我一直從後追趕，幾經辛苦由落後九比十五追至十五平手，把比賽拖入最後決勝局。我的鬥志與努力令現場多達八成觀眾也在為我打氣，可惜我未能笑到最後，以十六比十七飲恨。

這麼近，那麼遠，僅差一局便躋身決賽，這可說是我生涯至今最具機會贏取世界冠軍的一次。縱使功虧一簣，四強止步，但該屆賽事已為我留下難忘的回憶：自己發揮不錯，沒有浪費任何一個黃金機會，致敗只是對手表現更佳，我絕不因此而感到遺憾。不過，世界賽的佳績原來只是曇花一現，接下來的第九季再度下沉，繼續坐著過山車在低谷中遊走……

• 感謝 Chris 與 Paul •

這些年來，我每次跌倒，都有賴家人和朋友的鼓勵與支持，以及教練的悉心指導，才捱得過一次又一次低潮。與此同時，兩位前職業球手 Chris Small 及 Paul Hunter 的不幸遭遇，亦讓我得到很大啟發，甚至改變了我的人生觀。

我和 Chris Small 算有點緣份，曾在 1998 年格蘭拔治準決賽把他淘汰出局，惟 2001 年世界賽首圈，他則擊敗我，直接把我踢出世界排名前十六位。這位蘇格蘭球手曾一度升上世界排名最高的第十二位，實力相當，可惜受到脊椎炎折磨，背部痛楚令他無法彎身打球，對桌球由愛變恨，並於 2005 年 9 月黯然宣布退役。至於有「桌球壇碧咸」美譽的三屆大師賽冠軍 Paul Hunter，樣貌英俊之餘球技亦了得，人生正處高峰之際，卻於 2005 年 3 月證實患上腸癌。接受化療、與死神搏鬥期間，他仍然堅持參加比賽，還迎來第一個女兒的降臨。可惜，Paul 頑強地與病魔搏鬥十九個月後，終在 2006 年 9 月因癌細胞擴散至胃部，與世長辭，令人痛心疾首。那年，他二十七歲，我二十八歲。天妒英才。

Chris 與 Paul 令我明白，當時我那幾季的所謂低潮，其實只是輸掉桌球檯上一小仗，他倆則輸掉人生裡一大仗。較諸 Chris Small 和 Paul Hunter 賠上健康甚至生命，我的所謂挫敗，實在微不足道。每次憶起 Paul，我便跟自己說，只要每天還能拿起球桿，便沒甚麼好埋怨了。我從他們身上，學懂更堅強去面對失意，除非選擇退役，否則必須以更積極的態度去克服困難、創造未來。

世事變幻無常，你永遠不會知道自己最後一場比賽在甚麼時候出現，所以我必須把握機會，盡情享受每場賽事。不忘初心，方得始終。

桌球以外傅家俊——
我是 Marco Jordan

熟悉我的朋友都知道，Michael Jordan 是我永遠的偶像，絕無他人能取代其地位。移民到加拿大溫哥華那段日子，MJ 幾乎陪我度過整個青春期，他的魅力甚至曾蓋過桌球檯上色彩繽紛的顏色球。曾經，他在籃球場上每個經典動作，我都記得滾瓜爛熟，更甚把自己當作「Marco Jordan」，模仿 MJ 所有絕技，入樽也沒問題。入樽？入到？這就是當年買籃球架放在家門外的原因之一，因為該籃球框可以調校高度，只要將框架校低便可輕輕鬆鬆當上「馬高佐敦」。

Chapter Four

緣來二十年

0·1·2·3·4·5·6·7·8·9·10·11·12·13·14·15·16·17·18·19·20

過百與 147

◎ 職業賽事中打出的第四次 147，打出完美結局還捧走直布羅陀公開賽冠軍獎盃。

桌球世界裡，一桿過百（century break）是得分能力的指標，147 則屬經典時刻的緣，兩者都是每位球員夢寐以求的成就。我很幸運，職業生涯至今打逾 450 棒「過百」及四次 147 滿分[註2]，在桌球壇算比上不足、比下有餘，是位不錯的 break builder。不少人都知道，今時今日打桌球，進攻起 break 才是王道。不過，這其實並非自古以來的打法。過百及 147 滿分次數只是近二、三十年，才大幅飆升到今天比較驚人的數字。這種桌球打法以至文化上的進化，主要是因為一個人。這個人顛覆了整個桌球運動的傳統，他就是「桌球皇帝」亨特利。

註 2：截至 2017 年 6 月 1 日為止。

亨特利崛起前，桌球全由戴維斯的防守式打法所壟斷：穩守突擊，打進四、五十分後便穩穩陣陣地 set cue 防守。亨特利在八十年代末出道，首十次與戴維斯交手全都俯首稱臣，百思不得其解，令苦無良策的亨特利十分懊惱。據說，有天他突然跟經理人 Ian Doyle 說：「我終於想到破解戴維斯的方法！」自此，亨特利一改以往被動打發，憑著全攻型、瘋狂起 break 的遇神殺神、遇佛殺佛，贏盡天下球員，好不威風。其打法更成為模仿對象，之後出道的所有球手包括同樣 1975 年出世的「三傑」奧蘇利雲、威廉斯及希堅斯，甚或我自己，亦跟隨亨特利這套打法發展。這直接導致近年較多出現「過百」，打出 147 滿分亦不如從前罕見。這種進攻型打法，同時大大提高了職業桌球的可觀性。

這種打法與我的不謀而合。最初接觸桌球，我已喜歡 pot 波的感覺，正如踢足球享受射門快感一樣。我是屬於比較進攻型打法的球員，比賽盡可能速戰速決，而且頗為重視一桿過百。我認為過百是桌球競技比較重要的一環，因它反映了球手得分的能力，假如全季多次打出過百，成績亦理應有一定保證。儘管我並非神準的球員，長枱與 hard shot 遠不及威廉斯、卓林普及 Neil Robertson（羅拔臣）等，但勝在白波控制技術還好，讓自己可以創造出較易得分的局面。所以整體來說，我的起 break 能力還可以，十九年職業賽累積了共 452 桿 century[註2]，近五年一桿過百的次數特別穩定，故年終世界排名亦保持到前十六位置。

根據「過百」排名榜資料顯示，截至 2017 年 5 月 14 日，奧蘇利雲以 874 桿高踞第一位，亨特利 775 桿排次席，希堅斯位列第三，但已較亨特利少 103 桿。相比之下，我認為亨特利心態好，犯錯少，一桿過百的能力比奧蘇利雲更強，加上他身處的年代賽事數目較少，但仍可在三十歲前打出數以百計的 century，其實相當恐怖。就

◎ 這是我首次於職業賽打出 147 滿分的禮物，可惜我當時沒有車牌。

算是奧蘇利雲，都要臨近四十歲，才能打破由亨特利所保持的一桿過百總次數紀錄。

• 我的四次 147 •

如果一桿過百為球員帶來滿足感，那一 cue 清檯、滿分147 就是我們球手的夢想，尤其是以往賽事較少出現滿分，故此每一桿 147 都是緣份，都是一次經典時刻。我這輩子第一次打 147 是十七歲在溫哥華家裡地庫的球檯上，對手是我爸爸。業餘球員年代，我從來未嘗過 147的滋味。至於職業賽首次 147，那就是 2000 年一項邀請賽——蘇格蘭大師賽（Regal Scottish Masters）上。首圈面對前世界冠軍杜靴迪，我該仗慘敗一比五，卻在第四局打出職業首個 147，當時的過程現已非常模糊，只記得我贏了一萬英鎊獎金，以及一輛價值兩萬八千鎊的 Vauxhall Frontera 吉普車，然後「被騙」。由於當時我沒有車牌，惟有把吉普車轉賣予前經理人公司，豈料他們以「汽車落地變二手」為由壓價，最終兩萬八變一萬七千鎊。我知道他們有點兒那個，奈何少不更事，最後吞聲接受。

題外話，其實我被經理人公司騙財，亦不只那一次。由 Ian Doyle 兒子接手管理的「110 Sports Management」（前身 Cuemasters）當年在大陸投資失利，導致嚴重虧蝕。2011 年，他們在毫無先兆的情況下突然倒閉，球員無法收取應有的贊助費，而且需要賠償部份稅項，令旗下不少球員被「一 cue 清檯」、財政甚至出現困難。我被騙的那筆款項涉及約 100 萬港元，不過我已是損失較少的一位，算是「走運」了。

蘇格蘭大師賽之後，我要再等十二年才再打出第二桿 147。2012 年世界公開賽（World Open）外圍賽對 Matthew Selt，當時只有寥寥觀眾，147 獎金亦僅得五百英鎊。直至 2015 年倫敦大師賽（The Masters），我終於打出自己最難忘、最喜愛又最具意義的 147。作為桌球三大滿貫之一的倫敦大師賽，賽事本身已經歷史悠久，份量十足，只有世界排名前十六的球手方有資格參賽。那一屆，我首圈與冰咸（Stuart Bingham）交鋒，現場兩千多名觀眾，座無虛席，氣氛一流。我發揮出色，打了三桿「過百」輕鬆以六比三勝出，其中包括一桿打出 147，我成為繼 1984 年 Kirk Stevens 及 2007 年丁俊暉後，史上僅第三位在倫敦大師賽完成 147 的球手，甚有紀念價值，也是一份無上光榮。至於第四次 147，則於 2015 年一項小型排名賽——直布羅陀公開賽造出，最終我還捧走冠軍獎盃，可算雙喜臨門。

• 147 之王 •

說到 147 滿分，當然不得不提奧蘇利雲，他至今打出共十三桿 147，冠絕桌球壇。他於 1997 年世界錦標賽創下五分二十秒、史上最快 147 的驚人紀錄，平均每八點八秒出一桿，肯定前無古人，估計亦後無來者。至於史上第二快 147，則有我的份兒。史上第二快 147 同樣由奧蘇利雲締造，而我則是「受害人」。我們 2003 年在

世界錦標賽首圈碰頭，他僅花六分三十秒便一cue清檯。
當時我坐在最佳位置欣賞 Ronnie 表演，然後跟他握手
道賀，近距離見證他亢奮得全身發抖。

奧蘇利雲堪稱 147 代言人，他幾乎認為 147 是神聖的，
而且必須被尊重。他曾因不滿 147 獎金太少而只打 146
度，刻意放棄滿分，因而成為全球網上熱話。有人批評
他不夠尊重，侮辱了桌球運動，但也有人認為大會獎金
太少，侮辱了 147。我則認為這是頗為有趣的行徑，桌
球就是需要這類壞孩子，才能激起花火。

事實上，147 獎金偏低也是不爭事實。九十年代初，一
棒 147 價值逾十萬英鎊，現時即使在世界賽轟 147 亦僅
得一萬五千鎊作獎勵，有些較小型賽事甚至只有可憐的
五百鎊。如果「不幸」出現雙滿分，還要兩人對分獎金。
隨著球員水平不斷提升，147 次數遞增，獎金卻反而縮
水，令球員無形中變成了進步的「受害者」，這可真是
一個奇怪的現象。

球員「過百」排名榜前十位（只列總數及最近三季成績）

排名	球員（國籍）	2014/2015	2015/2016	2016/2017	總數
1	奧蘇利雲（英格蘭）	46	30	50	874
2	亨特利（蘇格蘭）	—	—	—	775
3	希堅斯（蘇格蘭）	25	41	50	672
4	羅拔臣（澳洲）	60	34	46	501
5	沙比（英格蘭）	33	47	56	474
6	卓林普（英格蘭）	82	40	70	459
7	丁俊暉（中國）	23	32	36	453
8	傅家俊（中國香港）	34	41	44	452
9	梅菲（英格蘭）	51	25	37	418
10	威廉斯（威爾斯）	21	29	26	383

註：截至 2017 年 4 月 15 日
資料來源：Prosnookerblog.com

147「滿分」排名榜（只列前六位）

排名	球員（國籍）	總數
1	奧蘇利雲（英格蘭）	13
2	亨特利（蘇格蘭）	11
3	希堅斯（蘇格蘭）	8
4	丁俊暉（中國）	6
5	梅菲（英格蘭）	5
6	傅家俊（中國香港）	4

註：截至 2017 年 4 月 15 日
資料來源：worldsnooker.com

丁俊暉

曾幾何時，大陸的桌球水平在世界完全沾不上邊。時至今天，中國已成為世界桌球的最大市場，職業巡迴賽逐步向東移，近季在國內舉行的排名賽與邀請賽愈見頻繁，且有不斷擴展的趨勢。作為英國傳統國技的桌球運動，近十多年發生如此翻天覆地的變化，全因一股丁俊暉旋風。他的奮鬥故事成為中國新一代的榜樣，他的成功亦催生了「中國旅英軍團」，可見的未來，世界桌壇勢成中國年青球手天下。

如果說奧蘇利雲是百年難得一見的桌球奇才，那麼丁俊暉就是橫空降世的東方彗星。他小時候已由父親帶著來打球，每天埋首苦練逾十句鐘，人生百分之百只有桌球。有段時間，丁俊暉經常來港參加一些球會的評分賽事。當時，我從其他香港球手口中，聽過丁俊暉的名字，知道他很有潛質。直至 2001 年，我隨香港代表隊到深圳集訓，與中國隊拍跳，備戰翌年舉行的釜山亞運會，我們這才第一次認識，我倆的緣份這才開始。

◎除了職業賽事外，我與丁俊暉會在香港舉行的邀請賽上碰頭。

丁俊暉，我叫他「小暉」。小暉給我第一印象是極度文靜，非常怕醜，不懂表達自己，也不多與人溝通，畢竟他當時只是一位十四歲的少年。然而，「少年暉」在桌球檯上的表現卻極為老練，不論 pot 波、選球、白波走位、防守都已經做得非常出色，他那套成熟的打法，遠遠超出其年齡及球齡。集訓期間，我們曾在模擬賽中對壘，個人賽和隊際賽各勝一仗。丁俊暉的尚佳發揮令我留下深刻印象，年紀輕輕，但已具備挑戰職業賽的實力。

自古英雄出少年。2003 年，小暉以十六歲之幼齡躋身職業賽行列，僅花短短兩年便捧走首項職業排名賽錦標。2005 年，他以「外卡」球員身份於北京主場出戰中國公開賽，我倆亦是於這項賽事正式首次交鋒。結果，我以二比五落敗，八強止步。我清楚記得，那天是三月三十一日，小暉十八歲生日前夕。比賽結束後，他在後台準備切蛋糕，但所有人卻在等著我，於是我便說笑：「今天不是我生辰，毋須等我呢！」引來哄堂大笑。之後大家一起切餅、合照，氣氛歡樂，讓我頓時忘了輸球的納悶和不快。

丁俊暉最終在決賽以九比五戰勝「桌球皇帝」亨特利，成為繼「泰國之虎」華達拿（James Wattana）後，歷來僅第二位奪取職業桌球排名賽冠軍的亞洲球手。震驚十三億人民後，國內傳媒隨即吹捧說他有可能打破亨特利最年輕世界冠軍紀錄。一夜間，性格內斂的小暉肩負全國十三億人的期望，壓力幾近爆煲。這絕對是一種不能承受的重，我雖為路人，但卻感同身受。

丁俊暉在桌壇綻放異彩，強勢崛起，外界難免會把我倆拿來比較。當時，我正值「真 • 低潮」，戰績下滑，因此曾無數次聽到「傅家俊不如丁俊暉」的評語。我覺

◎ 桌球檯上，我與丁俊暉是對手，桌球檯下，我們會談近況。

得這亦無可厚非，然而令我最難受的，並非因為小暉的出現，而是自己無法重拾昔日水平。要是這樣，即使沒有丁俊暉的存在、即使我繼續當亞洲第一球手，這也來得沒意義。無可否認，小暉起步早、技術好，的確來勢洶洶，那時候連我爸爸都說：「你套波打不過丁俊暉。」優勝劣敗，加上我從來都律己以嚴，所以無話可說。

儘管大家場上是對手，但小暉與我的關係向來不錯。隨著在比賽見面增多，大家亦開始熟絡，傾談話題總離不開桌球，但偶爾也會講講足球經，因為我們都是曼聯迷。在外國人眼中，黃種人統統一個模樣，所以經常有老外把我誤認作丁俊暉，又試過被人叫錯「傅俊暉」。這類尷尬情況，我相信小暉也必曾遇過。

丁俊暉天賦極高，實力毋庸置疑，但似乎也要經歷挫敗與失意，方能茁壯成長。我想，這就是人生的必經階段。2007 年淚灑倫敦大師賽決賽一幕，對他來說當然刻骨銘心，同時對透過電視直播觀戰的我來說亦難以忘懷。當時是 2006 年 12 月，丁俊暉處於巔峰狀態，他剛於多哈亞運會獨取三面金牌，自信心爆棚。翌月出戰倫敦大師賽，小暉同樣勢不可擋，首圈對 Anthony Hamilton

轟出 147 滿分，之後狂風掃落葉般殺入決賽，遇上狀況一般的奧蘇利雲。

丁俊暉首兩局有著神一般的演出，不過奧蘇利雲就是奧蘇利雲。看似無力招架之際，火箭卻突然被喚醒，真正的奧蘇利雲出現了，小暉的表現卻漸漸下滑。一起一跌，此消彼長，球迷開始起哄，戰至末段，已大幅度落後的丁俊暉更疑被現場觀眾侮罵，無心戀戰。進入小休時，他竟主動與有致勝分（match point）在手的奧蘇利雲握手，暗示提前棄權，Ronnie 即有風度地予以安慰，鼓勵他別放棄。最終，丁俊暉還是以三比十慘敗，傷心得哭紅了眼。不論作為同業球手、觀眾，抑或丁俊暉朋友，我都不想見到這種叫人揪心的場面。

要數我與丁俊暉最難忘的一場職業賽事，應該同樣是倫敦大師賽、同樣是決賽。當時的情況，甚至與上述小暉的經歷有點相似。2010 年廣州亞運，我在小暉的主場擊敗小暉，摘下亞運單打金牌。個多月後（2011 年 1 月），我乘餘勇首次打入倫敦大師賽決賽，再次遇上丁

© 2010 年亞運會，以四比二戰勝丁俊暉獲得亞運單打金牌。

◎比賽後，無論結果如何，我們都會互相道賀。

俊暉爭奪冠軍。這是職業桌球壇史上第一場「中國打吡」決戰，廣受中外傳媒與球迷關注。賽前有人告訴我，大陸最少有一億五千萬人收看，把我嚇了一驚。可惜自己該仗臨場失準，沒能為球迷帶來更精彩的比賽，最後更以四比十大比數落敗，與大滿貫獎盃擦身而過。

至於丁俊暉，他則長期穩佔世界前列位置，完全具備贏取世界冠軍的實力。不過他最終能否如願以償卻難作定論，正如韋德於八十年代曾六次殺入世界賽決賽，同樣有機會登上世界冠軍寶座卻就是差一步。小暉跟沙比（Mark Selby）、羅拔臣及卓林普身處同一年代，實在有點生不逢時。其實，丁俊暉擔起桌球最大市場的旗幟，成敗得失均會被無限放大。成績稍見低迷即遭傳媒和球迷肆意批評，長期承受著如此巨大壓力，他依然取得驕人成績，這令我佩服萬分。

除了小暉外，我跟其他旅英的中國年輕球手也頗為熟稔，他們一般對桌球充滿熱誠，而且謙虛肯學。顏炳濤、周躍龍及趙心童均是近年急速冒起的新晉球手，水平雖未及丁俊暉，但卻可能比丁俊暉更具機會染指世界冠軍。這是因為近年英國以及歐洲桌球都出現斷層，兩地均不見新星誕生。所以，這批中國小將未來勢必主導職業桌壇，稱霸世界冠軍指日可待。

朋友

◎最初出外參賽，除了爸爸會陪伴左右外，馮鎮濤（左）、陳漢鈞（右）亦會與我一同出賽。

甚麼是朋友？我認為朋友就是當你難過時伴你左右的人，當你心情不好時聽你訴苦、過來安慰你的人，當你有難時會幫你的人，當你開心時分享你那份喜悦的人。朋友當然不是建基於你的地位、你的事業或者你的身份，朋友是真心的，朋友是忠誠的。真正的朋友當然不用經常見面，即使見面也不一定要說過不停，但彼此之間就是有一份默契。我慶幸自己在人生路上遇到不少有心人，也找到為數不少的「真心友」。即使在有利益衝突的職業桌球圈內，我亦能與奧蘇利雲及希堅斯結下深厚友誼。

也許我的性格比較溫和，所以人緣一向尚算可以。在中、小學時期所認識的朋友，很多到現在仍有聯絡，他們亦特別留意我打職業賽的成績，為我加油。這點我感到十分窩心。其實當桌球手有個好處，就是可以遇到很多來自各行各業的人士。相處時，我特別喜歡觀察別人的言行舉止，久而久之學會了看人，一般都能看出你的來意。真的假不了，假的真不了，這些皆是在校園裡學不到的寶貴人生經歷，當然，百密有一疏，我亦曾經看錯人。真誠以待卻遭欺騙，幸好情況不算太糟，沒有受到太大傷害。經一事，長一智，唯有自我檢討，引以為戒。

● 鴨巴甸的香港人 ●

交朋結友，貴乎坦誠，假如我認定你是朋友，我會毫無保留，兩肋插刀，真心相告。有云「得一知己，死而無憾」，我卻得到上天眷顧，擁有十多位肝膽相照的良朋知己。他們男多女少（我也不知為何要強調），全部認識超過十年，其中一位摯友對我的支持，讓我既感動又感觸。他是一位在蘇格蘭長大的港人，叫 Philip Yau，早年回流香港工作，是桌球發燒友。剛回港發展時，我們在尖東東亞桌球會相識，大家一見如故，非常投緣。2007 年格蘭披治桌球賽在蘇格蘭北部鴨巴甸舉行，碰巧鴨巴甸是他的老家，於是他回鄉探望家人，順道來看我比賽。我晉級八強之際，他媽媽不幸遇上車禍，被巴士撞至重傷送院。Philip 雖然心情沉重，但接下來的四強、再接下來的決賽，他依然堅持繼續到場為我打氣。最終，我捧起職業生涯第一座排名賽冠軍獎盃，可是他媽媽在決賽後數天返魂乏術，與世長辭。人前，我在享受勝利的喜悅；人後，摯友喪親令我感到一份哀愁。

有人說，職業體育世界裡只有對手、沒有朋友，但桌球壇的情況其實比我想像中好。轉戰職業前，曾聽聞這個圈子比較自私，他們說因為職業桌球不單是體育比

◎首次獲得職業排名賽冠軍時，心情有點複雜。

賽，更是一盤生意，人人爭名奪利，絕不交心。不過，事實並非如此。桌球圈有著不少稱兄道弟的死黨，例如「蘇格蘭幫」希堅斯和麥佳亞、從少便認識的 Matthew Stevens 和 Paul Hunter、深交的奧蘇利雲和韋德，還有亨特利和威廉斯這對老友。這兩位性格南轅北轍，來自不同國籍的球星能建立如此深厚友情，倒最令我驚訝。畢竟二人屬於同級數的主要競爭對手，有直接利害衝突，「桌球皇帝」亨特利也不是很熱情的人……所以有時人夾人緣，就是這回事。

● 真‧奧蘇利雲 ●

我在球圈打滾近二十年，雖不曾跟任何球手稱兄道弟，但亦有推心置腹、值得信賴的好友，當中與奧蘇利雲及希堅斯最合得來。桌球以外，我們甚至可以訴說心事。眾多球手中，我跟奧蘇利雲最有緣，他是我交手最多的對手，歷來對賽逾二十次。他亦是第一位向我說真心話的職業球手，自 1998 年格蘭披治相識以後，我們一直保持不錯的關係。那些年我剛出道，比我年長三歲的奧蘇利雲猶如大哥哥般對我照料有加，給予不少寶貴意

兒，史曾邀請找到他家中留宿：「有空的話，你可以來我倫敦家暫住一個星期，大家一起練波。」「夠地方嗎？我不好意思打擾你。」我有點受寵若驚。「我家很大！你不用擔心！」他大大咧咧地答道。

曾經提及，我未認識奧蘇利雲真人之前，他給我的印象是麻煩友一名。不少人曾經說，他或因受到家庭問題困擾，以致情緒不大穩定，時而做出怪異行為，負面新聞偏多，在球圈人緣差勁，令人敬而遠之。不過跟他接觸過後，我發現完全不是這回事。Ronnie 是性情中人，愛恨分明。順心時表現開心熱情，不高興時冷酷無情；愛你愛到深心處，恨你恨到骨頭裡。我反而喜歡跟這類人做朋友，總好過那些裝出一副親切溫馨模樣、卻在背後插我一刀的人。

Ronnie 貴為天王巨星，稜角突出，算是有股氣場，但他絕對沒有那種高不可攀的離地感覺。我們相處得十分舒服，特別自在。儘管他似乎刻意對英倫三島的球手保持距離，但對華人則顯得特別友善。2001 年，孝順的 Ronnie 在他父親服刑的監獄中，安排了一場桌球表演賽。身份尷尬的他不方便露面，只低調地邀請了亨特利、韋德和我出席，為囚犯獻技，希望帶一點歡樂給他們。

我在那次活動第一次認識 Ronnie 爸爸。他的名字也叫 Ronnie，性情隨和，十分好聊。這對父子有父子相，兩人長得一模一樣，猶如餅印，所以印象非常深刻。事隔多年，老 Ronnie 出獄後曾好幾趟到場捧兒子場，我們見面亦有攀談。有時，Ronnie 致電老爸，也會讓我們聊個天、問個好。「近來比賽都打得不太好！」老 Ronnie 聽我訴苦後，總會像慈父般送上安慰：「沒所謂的，勝敗乃兵家常事，家人才最重要啊！」Like father like son，我相信兩個 Ronnie 都擁有一夥善良的心。

另一件令我特別難忘的往事，發生於 2007 年底的英國格蘭披治桌球賽。Ronnie 與我雙雙殺入決賽會師爭標，賽前大家在後台練習，我球桿的「tip 頭」表面因耗損而突然變得凹凸不平，即使可以多捱一場，但仍需馬上進行「急救」。Tip 頭猶如賽車輪胎一樣，輪胎是比賽時戰車與地面唯一接觸點，tip 頭就是擊球時球桿與球的唯一接觸點。Tip 頭控制講的是一種感覺，而感覺必須透過時間培養出來。對桌球手來說，tip 頭臨場出現毛病，是個可大可小的問題。

我懂得磨 tip 急救，但我手藝一般。正當我煩得不可交加之時，我的決賽對手 Ronnie 二話不說，替我磨 tip。他還說笑：「贏了冠軍別忘記把兩成獎金分給我！」古語有云，落場無父子，換了是別人，未必會可憐我，更別論出手相救。Ronnie 卻落落大方，伸出援手，甚具球王風範。其實朋友間相處貴乎真與誠，一個小動作已說明我倆間的緣。

◎ 便是這場決賽，奧蘇利雲幫我磨 tip 頭，最後我更以 9 比 6 贏得首個職業賽冠軍。

◎ 第三次贏得 2016 年蘇格蘭公開賽後，希堅斯邀請我到他家過聖誕。

● 跟希堅斯的緣 ●

除了 Ronnie 外，我與希堅斯也有不錯的交情。相比起形象壞孩子的「火箭」，希堅斯是「乖乖仔」一名，性格溫和，是球圈中人緣最佳的球手之一。我們初相識已經十分投緣，他不時邀約我吃飯，或相約一齊去看桌球賽，期間無所不談。2016 年 12 月，我在蘇格蘭公開賽決賽擊敗佔主場之利的希堅斯捧盃。儘管輸掉冠軍難免失望，但他知道我在格拉斯哥沒有家人或朋友，沒人陪我分享第三次奪得職業排名賽冠軍的喜悅。所以，他熱情地邀請我到他家中參加聖誕派對，表現得毫無芥蒂，倒讓我有點始料不及。不過，這就是希堅斯，他有的就是氣度。可惜，翌日我需凌晨四時起床，由格拉斯哥一口氣駕車八小時趕回倫敦，再趕飛機回港與家人度過聖誕。所以，只能婉拒 John 的好意。怎料此事卻令我榮登英國著名傳媒的體育網頁頭條，標題寫到「Marco Fu turns down chance to celebrate at John Higgin's house」。真夠話題性！編輯果然專業，完美示範標題的重要，害我心急得上機前一定要把文章讀完。John，下次我們吃飯！

• 我眼中的十大球王 •

第十位、韋德（Jimmy White）

從未嘗過世界冠軍滋味的韋德，曾六度於世界賽決賽飲恨，這亦可能是他職業生涯的最大遺憾，但卻只能嘆句時也命也。不過，韋德在八十年代的影響力絕對不遜戴維斯。現今的超級球星包括奧蘇利雲在內，不少都是因為欣賞韋德的瀟灑打法才學打桌球。他是第一代以 cue power 見稱的代表人物，可以打出高度娛樂化的桌球，把一個被部份人視為沉悶的遊戲變得十分有趣。除了爭勝以外，韋德亦視娛樂球迷為己任，其觀眾緣與奧蘇利雲齊名。

第九位、丁俊暉

丁俊暉一直都是亞洲桌球的表表者，儘管他從未染指世界冠軍，但仍達成 Triple Crown 壯舉^{註 3}。作為海外（非英倫三島）球員，小暉的成就已屬難能可貴，如果他生於英國，無需承受那幾近不能承受的壓力，估計每項大賽至少已贏過一、兩次。丁俊暉是有史以來其中一位白波控制最好的球員，每球都能控制到僅距離目標球兩至三吋位置，因此他的一棒過百可以全屬 easy shot。這正是他的最大強項，加上近年防守亦有顯著進步，令其整體實力全面提升。

註 3：Triple Crown 泛指桌球界三大賽事：世界錦標賽、英國錦標賽與倫敦大師賽。任何曾染指三大賽事冠軍、或至少共三次贏得上述任何一或兩項賽事的球員，都被公認為取得 Triple Crown 成就。丁俊暉曾贏得倫敦大師賽冠軍，並兩次成為英國錦標賽冠軍。

第八位、梅菲（Shaun Murphy）

梅菲擁有教材式的出桿動作（cue action），他根基扎得很好，年紀輕輕已實力過人，鋒芒畢露。梅菲是極端主攻型球手，與沙比相比之下，他過份側重進攻可能，也許這是唯一不足。但若然手風夠順，梅菲力足連續多局不斷「過百」，讓對手長坐櫈上做觀眾。

第七位、羅拔臣（Neil Robertson）

羅拔臣是一位我十分欣賞的球員，能夠贏得桌球三大滿貫，其超卓實力可見一斑。來自澳洲墨爾本的羅拔臣，其準繩度與威廉斯齊名，出桿動作跟梅菲同樣出色，cue power 甚具爆炸力，曾單季轟逾百棒「過百」。足證得分能力之強大。如果要雞蛋裡挑骨頭的話，其set cue 或是較弱一環，但已經夠贏。

第六位、威廉斯（Mark Williams）

威廉斯是有史以來最準繩的神射手。他的打法獨特，每一棒都不會太重 break。作為頂級球手，他的過百次數算是極少，但他不在乎，因為贏比賽才是目標。威廉斯那套波非常奇怪，有可能把全盤波打散，惟很多殘局亦只有他才收拾得了；白波走位雖然有時糟透，他卻「恃準凌人」，不斷打修正球也可以轟出過百，這亦是他能夠捧走十八項排名賽冠軍（歷來第五多）的主要原因。

第五位、戴維斯（Steve Davis）

戴維斯是一位相當全面的球王，樣樣皆精，擁有極高的桌球智慧，於八十年代屬「超班馬」。我認為就算他身處現今桌壇，其世界排名仍至少躋身前八。戴維斯是桌球運動界的傳奇標誌，享譽世界各地。時至今天，人們談起桌球依然會提起戴維斯這個名字。他就是桌球界的米高佐敦。

◎我很少與其他球手合照，但有幸初出茅廬的我可與他合照。

第四位、沙比（Mark Selby）

沙比是現今最出色的球員，他亦成功開創「沙比式桌球」，可説是戴維斯的升級版。他的耐性、set cue、進攻等每個範疇都比戴維斯出色一點點，而且選球非常聰明。這種聰明打法未必贏到掌聲，但一定可以贏到很多冠軍。童年坎坷的沙比亦較為我行我素，即使打法屢受批評，但依然忠於自己，心態堅定。作為一個職員球員，我十分欣賞沙比，其實他的打法需要極度高超技巧，加上曾經打美式桌球，獨特的套路往往令對手無所適從，難以招架。

第三位、希堅斯（John Higgins）

希堅斯是有史以來最佳的全能桌球手，幾乎毫無弱點。奧蘇利雲及亨特利均偏向主攻打法，但希堅斯不僅進攻力強，防守更是滴水不漏。狀態巔峰的話，其防守無人能破，他可以主導整場比賽節奏，把握能力超強，心理質素極佳，擅打逆境波，隨時於落後六十多度劣勢下清檯反勝。他最經典的一場，臭過於 2006 年倫敦大師養士者戰。當時希堅斯與奧蘇利雲打成九比九平手後，於決勝局落後六十分，但希堅斯把握「火箭」一次失誤，打出一桿六十四逆轉捧盃。在如此巨大壓力下，這 cue 波根本沒可能做得到，難怪被譽為桌球歷史上最具代表性的清檯之一。

◎ 希堅斯不僅進攻力強，防守更是滴水不漏。

第二位、亨特利（Stephen Hendry）

亨特利本身就是王者。他擁有皇帝般的氣勢，較少犯上無謂失誤，心態長期保持穩定狀態，這方面他比奧蘇利雲更強。集兩大優點於一身，令他難以被擊倒。還有，亨特利改革了整個桌球運動，由昔日戴維斯年代的保守打法，變成全攻型世代，奧蘇利雲、希堅斯以至當代的沙比與羅拔臣等後一輩的球手，皆是根據亨特利的打法，再發展自己一套波。亨特利堪稱桌球運動的教科書，教曉我們何謂進攻式桌球，而且他的桌球智慧比其他人先行了二十多年。

◎亨特利的全攻型打法，改革了整個桌球運動。

第一位、奧蘇利雲（Ronnie O'Sullivan）

奧蘇利雲的技術實在太全面，攻守兼備，進攻力最強，白波走位最好，set cue 出色，抗壓力強，打法悅目，他在這個年代能夠五度贏得世界冠軍殊榮，是一項特別難得的成就。現時有不少球手都是受他影響學打桌球，單是這個原因，我認為已足以讓他成為最偉大的球員。不過，有別於亨特利一人「壟斷」年代，現今桌壇競爭愈見激烈，加上沙比如日方中，奧蘇利雲欲打破亨特利七奪世界冠軍的紀錄，恐怕難度不低。惟 Ronnie 他日退役，將會是桌球壇最大損失，正等於網球缺少費達拿、高爾夫球失去活士一樣。當年亨特利收山，仍有奧蘇利雲及希堅斯等接過權杖，到 Ronnie「掛 cue」之日，又由誰來獨挑大旗呢？

他們眼中的傅家俊

譚詠麟 … 眼中的傅家俊

「傅家俊的賽事，我都會透過電視觀看，他給予我的印象是位很冷靜的球手。一般足球員都是較熱情及有火花，但桌球世界裡的球手都表現非常冷靜。我不知道桌球手是冷靜還是有熱情才會令水準更提升，但我希望 Marco 可以讓球迷感覺到他對勝利的那份渴望；亦盼望他可以在桌球事業更上層樓，為香港人增光。」

張智霖 … 眼中的傅家俊

「我認識的傅家俊是一個謙謙君子。他是香港之光，為我們贏了很多亮麗的成績。」

12

首項錦標

© 1998 年亞運與隊友擊敗了主場的泰國隊，獲得了團隊賽金牌。

這些年來，我曾打出好幾百萬桿。桌球如棋，不但每局變化多端，每桿部署亦足以影響全盤形勢。有時一桿可以助你過關斬將，有時一桿卻讓你戰死沙場。出一桿，擊中小小桌球，進入細細袋口，講求無比精準，差之毫釐謬以千里。十九年職業生涯裡，我曾打出一桿經典「黐咕金球」，從而捧走人生首項排名賽錦標；亦曾被對手打出一桿「世紀符碌波」收拾，遺憾地與大滿貫獎盃擦身而過。桌球世界裡，天堂與地獄往往只是一桿之隔。

2006 年歷史性闖入世界賽四強後，狀態開始慢慢復甦，加上師從基夫斯，在出桿動作等方面作出改進，技術得以全面提升，作用算是立竿見影。2007 年 10 月的格蘭披治桌球賽移師至蘇格蘭鴨巴甸舉行，我在小組賽發揮一般，五戰四勝一負，僅以次名身份晉級十六強。其後兩場淘汰賽，我表現尚算合格，在十六強以五比四險勝希堅斯，八強再輕取中國球手劉崧五比零。晉級四強後面對英格蘭的 Gerard Greene，這一仗我打得糟糕透頂，表現之差甚至讓我被專業評述形容為「十分盡力地輸掉比賽」。最終我極之幸運，以六比五驚險過關，順利殺入決賽。

2007 年這次決賽，是我自 1998 年格蘭披治後首場決賽。等了足足九年，我才第二次打入排名賽決賽，剛好又是格蘭披治。這漫長的九年裡，我經歷了無數低潮，也曾多次懷疑自己的能力與堅持。事隔九年終於再度取得決賽席位，我鬆了一大口氣。同一項賽事在不同地方舉行，但格蘭披治和蘇格蘭兩者對我來說，都有特別意義。畢竟，前者是我的處子「成名戰」，後者則是早年旅英生涯之家，重遊舊地，別有一番滋味。

冥冥中自有主宰，1998 年我在格蘭披治十六強首次遇上奧蘇利雲，憑一股衝勁贏出了這輩子最難忘的一場勝仗。九年後，我們在 2007 年格蘭披治冠軍戰重逢，我已不再是當初那個大無畏的青澀少年。嘗透挫敗的痛苦，讓當時即將男人三十的我，更懂得調節心態。老老實實，自己當時狀態只得約七成，能夠打入決賽，我已經當贏了。面對陷入錦標荒長達三十個月的奧蘇利雲，我本著「沒什麼可以輸」的心態來迎戰。正是這種平常心，幫助我化解壓力，用享受的心情來應戰，反而打出超水準表現。

片段重溫

時間：44'00"
那一球就是歷來
我最難忘的一球。

● 歷來我最難忘的一球 ●

決賽採取十七局九勝制，分兩階段進行角逐，上半場我發揮未如理想，經過前七局賽事後以三比四落後。經過短暫休息後，我在下半場找回手感，慢慢回勇，愈打愈好，後來連下四城，並以七比五反超前。比賽末段，戰情出現戲劇性變化。第十三局，我在領先四十三分（四十四比一）優勢下，被奧蘇利雲打了一桿六十五度「世紀清檯」，以六十六比四十四逆轉，局數被他追近至六比七。

接下來的第十四局，奧蘇利雲乘勢而上，帶先五十八比零，惟之後卻失手。機會來了，我馬上以一 cue 清檯來回敬。期間，我打出至今仍是歷來最難忘的一球。最終能夠反勝舉起生涯首座冠軍獎盃，全因打入第十四局、這舉足輕重的一球，我叫這球「搏命波」。當時我仍落後四十多度，打至最後一個紅球，球位於左上方「黐咕」窄位，極度難打。一般情況下，球手必然選擇 set cue，但我心血來潮，直覺告訴我博一博。於是，我鼓起勇氣拿起架桿（rest），全神貫注，調教好角度，用最適當的力量出桿。紅球沿著「咕呢」跌入尾袋，就這樣，我打進了生涯至今最為重要、也最感難忘的一記金球。成功搏入紅球，我興奮不已，奈何必須立即冷靜下來，集中精神繼續清檯。心情之高低起伏，猶如坐過山車。

最終，我險勝六十比五十八，把總局分拉開至八比六，率先搶得決勝分（match point）。當時一眾評論家指出，決賽連續兩局出現世紀清檯是前所未見的場面。事實上，這個「黐咕波」難度相當高，估計即使再打十次，我十次都會全部失手。

經過連續兩局世紀清檯後，我們終於來到這場決賽的關鍵時刻——第十五局。我再把握機會，起 break 七十六度一桿制勝，總局數以九比六奠勝，贏得出道九年以來、一直令我魂牽夢縈的排名賽首次冠軍。

我一直以為，我會超級激動。然而夢想成真一刻，我出奇地平靜，平靜得嚇了自己一跳。當時感覺是釋放壓力多於激動興奮，可能因為這麼多年來，大家都認為我應該做得更好，我亦考慮過中途放棄，結束職業球員生涯。慶幸我的堅持沒有白費，終能熬過九年難關，奪得這個遲來的冠軍。除了是職業排名賽首勝，這次勝利來得份外甜美的原因是：我擊敗了奧蘇利雲奪冠。這是對自己實力的一種肯定。

事隔九年再次望見格蘭披治這座外型似「阿拉丁神燈」的獎盃，我覺得甚有親切感。捧盃一刻，百般滋味在心頭。奪魁後我第一個想起的人是爸爸，雖然他當晚沒有捱夜看直播，但我深信他還是會偷偷查看即時比分。擔任頒獎禮司儀的名宿戴維斯訪問我，問我爸有否追看決賽，我說「他不太在乎！」這個答案，當然是說笑。爸爸以外，我第二位想到的是啟蒙教練 Tommy Lee，第三位則是身在現場的基夫斯教練，這是我們合作後首項冠軍錦標。

比賽如人生，有成功的喜悅，就有飲恨的遺憾。2008年 11 月，我首次殺入大滿貫賽事——英國錦標賽決賽，當日還有女朋友（現為太太）Shirley 蒞臨現場打氣。故此，我特別渴望捧盃，拍張合照，跟親人一起分享榮譽，這是多麼美妙的事情喔！然後，事情朝相反方向發展。

決賽對手梅菲是我當年的剋星。不論外型或打法，梅菲都甚具殺氣，惟我們整場發揮均在各自水準之下。拉鋸至末段，我領前九比八，手握致勝分。然而在第十八局

打失一個遠檯藍色球，錯失起 break 機會，未能制勝，被梅菲扳成九比九平手。決勝局進入殺局階段，我落後三十一度（二十四比五十五）時，他原本打失了短檯尾袋粉紅球，但最終球卻僥倖滾入中袋。梅菲剛好打過安全線，並順利掄元。他那記「符碌（fluke）」把我最後一個機會都狠狠奪走，我只能遺憾地目送對手高舉獎盃。「符碌」在桌球比賽中經常出現，但在大型賽事的決勝局末段發生卻較為鮮見。不過要公道一點，我無緣摘冠並非因為梅菲這球，我反而怪自己在前一局錯失機會。做人豈能怨天尤人。

一「桿」錯滿盤皆落索。有人說，打失易打的球是最致命。桌球壇史上被譽為最經典的一球 easy shot 失誤的主角是韋德，他在 1994 年世界錦標賽決賽與亨特利激戰至十七比十七平手，決勝局打失一隻所謂易打的黑球，即被亨特利清檯奠勝。沒錯，那個黑球表面看來確實易打，是那種平時在桌球室人人都能打入的 easy shot。然而身處世界賽決賽的舞台，一位等待多年但從未染指世界冠軍的無冕球王，面對著一個千載難逢的黃金機會，這還是 easy shot 嗎？只有當局者才能深切體會那讓人窒息的壓力，旁觀者其實很難判斷何謂難打、何謂易打，然後再加以批評。其實，職業桌球比賽裡，從來沒有 easy shot，正如人生沒有免費午餐一樣。看似 easy 或免費，可能只是看不清。我很清楚，檯上每一球、路上每一步，都只能靠我們自己努力，沒有捷徑。

◎贏得格蘭披治桌球賽後，朋友特別訂製蛋糕與我慶祝。

傅家俊 2007 年格蘭披治奪冠逐場睇

● 小組賽 ●

三比四	負	Stuart Pettman（英格蘭）
四比三	勝	冰咸（英格蘭）
四比三	勝	梅菲（英格蘭）
四比三	勝	Ben Woollaston（英格蘭）
四比一	勝	丁俊暉（中國）

● 十六強 ●

五比四勝希堅斯（蘇格蘭）

8 − 117（112）；65（58）− 56；120（119）− 8；0 − 110（110）；
57 − 17；105（105）− 0；5 − 120（96）；0 − 76（72）；77 − 37

● 八強 ●

五比零勝劉崧（中國）

79（79）− 20；66 − 62；55 − 16；67 − 12；96（64）− 25

● 四強 ●

六比五勝 Gerard Greene（英格蘭）

25 − 88（57）；0 − 71；51 − 31；99（73）− 0；44 − 55；
109（106）− 8；9 − 91（91）；89 − 6；76 − 59；50 − 52；77 − 41

● 決賽 ●

九比六勝奧蘇利雲（英格蘭）

上半場

100（78）− 21；35 − 104（85）；110（110）− 0；84（74）− 18；
0 − 127（127）；0 − 75（75）；33 − 64

下半場

5 − 67；99 − 0；95（94）− 4；121（117）− 5；82（62）− 0；
44 − 66（65）；60（60）− 58（58）；76（76）− 0

*（　）內為一桿最高分

13

亞運愛與恨

◎ 與馮國威、陳國明再奪亞運會男子團體賽金牌。

香港體育有其獨特文化，對亞運會及奧運會等大型綜合運動會尤其重視，因直接影響政府資助的多寡。過往，我曾代表香港四度出戰亞運及一屆東亞運動會，港隊生涯中我贏過不少獎牌，但風光背後亦有不為人知的一面。

職業桌球向來比較個人化，但其實二十年來，我一直有代表香港。那不僅是為個人而戰，更盼望為港增光。香港這片彈丸之地，參與桌球運動的人不少也不多。上世

紀八十年代桌球發展蓬勃，職業球星每年指定動作就是東來香港獻技。全盛期香港桌球室的球檯多達五千張，是全球各大著名桌球檯公司最大客戶，香港亦出產了兩位職業球手。繼前輩陳偉明之後，我成為第二位參與桌球最高水平賽事的香港人，實在令我感到光榮與自豪。

• 對亞運又愛又恨 •

作為香港運動員，代表港隊征戰大型運動會是榮譽，也是責任。然而，我對亞運會確實又愛又恨。愛，是因為這是十分難得而寶貴的經歷。亞洲各地不同國籍、不同膚色、不同背景的健兒聚首一堂，我們專心而單純地去切磋較技，以體育競技去建立友誼，宣揚體育精神、間接化解種族之間的矛盾，這種奧林匹克精神非常值得地球村內所有人學習。至於我自己，我特別喜歡出席大型運動會的開幕禮，也享受在選手村的生活，走進村內餐廳跟港隊或其他國家地區運動員攀談，交換紀念章，大家都互相支持，這對我來說別具意義。

恨，是因為亞運會總是與職業賽撞期，加上香港體育界對大型運動會的成績太過偏執，令事情本末倒置。我從不執著勝負，當年首次參加亞運，我只是抱著輕鬆心情

© 1998 年代表香港與隊友陳國明及陳偉達，於男子團體賽奪得金牌。

去體驗、去開闊眼界、去見識一下。可是由於亞運會水平一般低於職業賽，加上可能是「能力越大，責任越大」的關係，大家對我的期望都特別高，這非一般的壓力，讓我背負極沉重的包袱。

亞洲體育文化有別於歐美，1998年泰國職業球手華達拿於曼谷亞運會沒能在主場贏取金牌，賽後竟然要召開記者會向全國人民道歉，這是我時至今天依舊無法接受的事。只是打球罷了，真有那麼大罪嗎？你們可以想像奧蘇利雲因輸掉一場比賽而向全英國球迷說對不起嗎？我只能說，彼此文化差異太大。

亞運會及奧運會當然是值得重視的比賽，但也不能因此一概而論。每個項目都有其獨特性，譬如高爾夫、足球、網球等皆有本身的傳統賽事。足球不用多說明，大家都明白。對網球與高爾夫而言，四大滿貫的重要性絕對凌駕奧運會，更別論亞運。對桌球而言，亞運會的重要性遠不及世界錦標賽，假如奧運都有桌球項目的話，我認為十枚亞運金牌相等於一面奧運獎牌，三塊奧運金牌等於一個世界冠軍榮譽。

© 2010年廣州亞運會，要多謝丁俊暉參賽讓我壓力減少。

1998 年曼谷亞運會首次把桌球列為正式比賽項目，當時我剛投身職業，處子戰便奪得亞軍。這無疑令人認定我在單打、雙打及隊際賽的三面金牌，都可以手到拿來。無形的壓迫感讓我喘不過氣來，每分每秒都處於神經繃緊狀態，加上隊內氣氛緊張，就連用膳也像行軍打仗一樣，說實話，我的亞運初體驗絕不愉快。儘管最後我與隊友陳國明及陳偉達於隊際賽決賽擊敗了主場的泰國隊，為港摘下史上首面亞運會桌球金牌，但我確實無法享受勝利的歡愉，只是純粹當交差。最記得我上台領獎時雙眼通紅，有人問我是否因為奪金感動落淚，實情是比賽至深夜時份才結束，我太疲累，睏到不行！

經歷過這次曼谷之旅，我曾考慮不再參戰亞運會，但也自知任重道遠。人在江湖身不由己，有些事情、有些責任，你總不能逃避。之後的 2002 年釜山亞運會及 2006 年多哈亞運會，我並不期待，但上場亦會竭盡所能，所以分別取得一金一銀以及兩面銀牌，算是有所交待。

2010 年廣州亞運會，桌球成為絕唱項目。經過前三屆的磨練，我的心態相對變得正面。這次還得多謝丁俊暉，因為外界調低了對我的期望，他的出現幫了我一把。亞洲桌球水平不斷提升，爭奪獎牌難度愈來愈高，導致港隊在隊際賽表現失準，四屆以來首次失落獎牌。然後，我轉戰亞運單打賽事。沒想過走多遠，只管一場一場的打，竟又被我殺入決賽，與主場的丁俊暉對壘爭標。難得我倆都以輕鬆心情去面對這場「中港大戰」，賽前大家還有說有笑，我感覺是大陸給予運動員的壓力更少，反觀香港這邊卻給我一股拼了老命、do or die 的感覺。結果，我以四比二戰勝丁俊暉，首嘗單打金牌滋味，四屆亞運累計共獲三金三銀，可為我的十二年亞運征途劃上完美句號。

• 2009 東亞之苦 •

如果亞運會讓我愛恨交纏，那麼 2009 年東亞運動會則
令我啞子食黃連。那是香港有史以來首次主辦大型綜合
運動會，能夠在自家門前比賽意義重大，即使東亞運規
模甚至不如亞運，但我當然支持。然而當年十二月的香
港東亞運賽期，卻與桌球三大滿貫之一的英國錦標賽相
撞，對職業球員來說，英國錦標賽的級數僅次世界錦標
賽，是全季最重要的比賽之一。不過，我仍然不想錯過
在江東父老面前比賽的機會，因此盡力找出一個兩全其
美的方案。最後，我提出並答應參加東亞運兩項比賽，
一來既能支持香港舉辦的東亞運，二來我亦可提前飛返
英國，準備參加三大滿貫賽事。怎料，原來只是我過份
樂觀地以為大家有商有量。經過多番熱烈討論後，我還
是遭到拒絕，當時有感「被迫上轎」，故此作出無聲抗
議。直至角逐隊際賽，因不想連累隊友，我才結束抗議，
最後在主場贏得隊際金牌。翌日我趕返英國，下飛機即
前往大滿貫會場比賽，舟車勞頓加上受時差困擾，站在
場上根本有心無力，卒以三比九慘敗給 Peter Lines。縱
不甘心，卻沒奈何。

◎ 首嘗亞運單打金牌滋味，為我的十二年亞運征
途劃上完美句號。

無論如何，當年能夠與李麗珊、黃金寶及趙詠賢等共創香港體壇黃金年代，我還是感到十分光榮，其中「珊珊」及「阿寶」更是我最欣賞的香港健兒，他倆無論在形象、外型及成就方面，都是香港體壇真正的代表人物。「風之后」李麗珊貴為香港第一位、亦是至今唯一的奧運金牌得主，地位無人能及。她擁有一股超強氣勢，淡定而有霸氣，是奧運冠軍獨有的一種風範，這也是我最渴望從珊珊身上得到的特質。以往我跟李麗珊不算熟稔，反而現在各育有兩名女兒，大家可以大談湊女經。

至於黃金寶，他則是一位忠於自己目標，埋頭苦幹、做好本份，非常出色、勤力和謙虛的運動員，可惜卻被浪費了！在我眼中，阿寶力足衝出香港，前往職業國際車隊大展拳腳。他是那種天生應該參加環法單車賽的職業車手，哪怕敬陪末席，但仍是了不起的成就，更是香港體育的里程碑。然而，他多年來一直要為港隊效命，錯過外闖的黃金機會，成為香港體育文化的犧牲品，實在非常可惜。前車可鑑，我希望將來主事體育、經濟、旅遊及青年發展政策的有能者，有遠見地全面改革香港體育的獨特文化。

◎ 能與我最欣賞的李麗珊、黃金寶一同代表香港出賽是我的榮幸。

桌球以外傅家俊——

我是網球迷

居於倫敦期間，有機會我便入場觀賞歷史悠久的大滿貫草地賽事——溫布頓網球賽，以及每年排名前列球手才能參與的世界男子職業網球員巡迴賽年終賽。由碧加（Boris Becker）、森柏斯（Pete Sampras），到阿加斯（Andre Agassi）等，我已經開始留意國際網球壇，直至目前由費達拿（Roger Federer）、拿度（Rafael Nadal）、梅利（Andy Murray）及祖高域（Novak Djokovic）角力的四大天王時代都有追看。

我喜歡費達拿的優雅，同時欣賞拿度在場上的熱情狂野，尤其後者風格跟現今桌球壇的沙比十分相近，二人在陣中展現出對每一球的尊重及永不放棄精神，完全體現那份活在當下的神髓，使我由衷地敬佩。至於費達拿的成就更加不用多說，能讓我注意他的原因，是其整套簡直像藝術品一樣的 package，討好的外型、卓越的成績、幸福的家庭……同樣作為職業球員，無一不令我感到羨慕。

14

信佛
與茹素

◎媽媽信佛多年，我從小被薰陶接觸佛教及常參觀寺廟。

無求、放下、自在，這是佛經道理。文義顯淺，要真正做到，卻談何容易。人之所以痛苦，在於追求錯誤的事；與其說別人讓你痛苦，倒不如說自己修養不足。研習佛學逾十年，我希望得到覺悟，佛學不僅助我化解比賽壓力，更多是讓我學懂在人生路上尋找一道絢麗的風景，活在當下。

媽媽信佛多年，我從小被薰陶接觸佛教，小時候常隨父母參訪不同佛寺，對沙田萬佛寺最有印象。那時只當作假日旅行，對這宗教沒有特別認識。直至二十出

頭轉戰職業賽事後，我才對佛學有較多認知。媽媽會給我看一些關於佛教的書籍，內容由淺入深，我逐漸對這門學問很感興趣，接著便開始認真學佛。以往感覺佛教多少帶著迷信色彩，多了解後，才發現箇中蘊藏奧妙的人生哲理，包含放諸四海皆準的智慧，還有畢生受用的道理。

佛教信仰主要在於向「佛陀」學習，佛陀來自梵語 Buddha 的音譯，意為覺者或智者。自覺、覺地、覺滿是「覺」的三個層次，自覺是本身對諸法實相有了正確的認識與覺悟。覺，即迷的相反，正因我從不迷信，才會學佛，盼能從中覺悟，以佛陀為導師，學其慈悲、智慧；簡而言之，即學做人。

學佛的過程中，我最深刻是體會放下執著的重要。常言道：「拿得起，放得下」。拿得起是能力，是擔當；放得下是智慧，是灑脫。執著不等於堅持，放下不等於放棄。生活的經歷使我沒有以往那麼執著，也懂得用比較寬闊的角度去看所有事情。從前眼光狹窄，永遠由自我中心點出發，但佛陀教導我們要無我、抽離，用另一角度去感受、去觀察。最後，你會發現更多。

◎佛學讓自己釋懷，平衡心態。

執著容易令人迷失，放下才能得到解脫。放下，是人生最大的幸福，是世上最積極的兩個字。放下，是一種心態的選擇，一門心靈的學問。有人曾經說：「黃葉放下樹幹，是為了期待春天的蔥蘢；蠟燭放下完美的軀體，才能擁有一世的光明；心情放下凡俗的喧囂，才能擁有一片寧靜。」正如我完成一場比賽後，不論勝或負，發揮是出色還是糟糕，都要把它完全放下，清空腦袋去迎接下一仗挑戰。又例如我的技術，必須要有勇氣放下昔日錯誤和不足之處，才可吸取新事物，追求更高層次，不斷提升自己、增值自己，頑強地在職業桌球圈生存。這些道理人人皆懂，只是知易難行，我到現在仍做得不夠好，但起碼打好一個基礎。

多年桌球生涯裡，我總予人脾氣好及集中力強的印象。其實，這完全是一種錯覺。儘管學佛後已得到改善，但脾氣差和欠缺集中力依舊是我兩大弱點和致命傷，只是我掩飾得好，騙到大家罷了！傳奇拳王阿里曾經說：「To be a great champion you must believe you are the best. If you're not, pretend you are.」假如當不了最偉大的冠軍，就去假裝。我脾氣暴躁，要麼改善，要麼扮作心平氣和。很多時打失一桿或表現差勁時，我內心都會焦急抓狂，惟勝在懂得掩飾與假裝，板起臉來，擺出一

張 poker face，喜怒不形於色。在對手面前隱藏著當下的心理狀態，這可是桌球比賽的重要戰略。

桌球手狀態時有高低。每次場上發揮欠佳時，我總會靠佛學讓自己釋懷，平衡心態，當中道理與運動心理學大同小異，只是大家語言包裝不同。2005 年，我完成皈依儀式（又稱歸依），正式成為佛弟子。那段時期正值職業低潮，但我並非因此皈依，只是緣份所至，佛教從來不是、也不該是避難所。佛法無邊，作用超乎想像，正如用藥一樣，看你是否願意與懂得對症下藥。桌球練習需勤奮並持之以恆，學佛也一樣，我平時會念經、讀經，在港期間亦盡量抽時間聽師傅講經說法。經過一場激烈賽事後，我會透過靜坐放鬆身心，減少雜念，讓心境回復平和，效果很好。事實上，內心平靜有助我的發揮，回顧歷來我能取得佳績的賽事，不因內心有團火，只因抱著一顆平靜心應戰。打桌球其實很簡單，只要按照當下一念，打好面前這一球，便會有好表現。正所謂「心如工畫師」，你的心想著甚麼，就會畫出甚麼來。打好這一球，下一球便輕鬆，反之亦然，這也是佛法所說的因果。

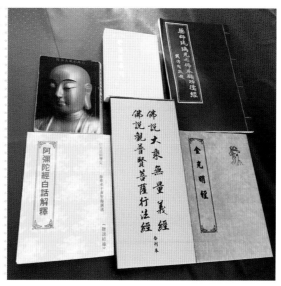

◎ 佛學蘊藏很多奧妙的人生哲理，令我畢生受用。

信佛的關係，加上媽媽長期吃齋，因此以往我們在家吃飯也是茹素，我特別愛吃鮮腐竹。小時候，經常要求爸爸媽媽帶我去享用齋菜，他們甚至喜歡叫我「和尚仔」。那時我出外用餐才吃肉，但不是食肉愛好者，漢堡包和「鋸扒」都不是我杯茶。2003 年，我正式戒肉，藉此表達我對生命的尊重。我喜歡小動物，不想殺生。茹素後，體力反而比以前更好，精神更佳，比賽時思路甚至更清晰。近年不少桌球手如羅拔臣、Peter Ebdon 及 Anthony McGill，皆因健康理由紛紛轉吃素。至於我，一般連蛋、奶、芝士等也不沾口。不過，茹素亦要吃得很有技巧，講求均勻，各種五顏六色的蔬菜素食都須進食。

太太 Shirley 和我茹素多年，兩個女兒「包包」及「米米」出生以來一直跟我們吃素，我亦從尊重生命方面，向大女包包解釋素食原因。她看卡通片時已特別喜歡小動物，所以很容易理解得到這個道理。當然，兩位小公主長大後必然會接觸到一些食肉的朋友，到時便由她們自己決定是否繼續吃素了！

◎茹素後，體力比以前更好，精神更佳，比賽時思路更清晰。

他們眼中的傅家俊

許志安…眼中的傅家俊

「我眼中的傅家俊是一個很有禮、含蓄及很有才華的桌球手。在他身上除了可以令我學懂桌球上的技巧，我們更會談及大家如何面對壓力、如何跳出自己框框等的話題，與他交談時很愉快。桌球是一個很孤獨的運動項目，只有自己一個去面對比賽成敗，希望未來的日子，他可以不斷戰勝自己。他亦要知道他每次出賽，背後都有很多家人、朋友支持及陪伴，在比賽場上的他絕不孤獨。」

蘇志威…眼中的傅家俊

「傅家俊是一個很『堅持』的人。很多人可能在同一工作待那麼長時間，就會想是否應退下來，但他打了職業桌球十九年依然繼續。桌球運動相對其他運動的體能需要較少，即使年紀大了，也應該可以應付比賽。我認為只要調節自己心態，即使到了八十歲，只要能力許可，都要繼續打桌球。只要堅持下去，總有機會登上世界第一！」

Chapter Five

147 的下半場

0·1·2·3·4·5·6·7·8·9·10·11·12·13·14·15·16·17·18·19·20

感激
我遇見

◎感激我遇見太太 Shirley。

執筆撰寫這篇章時，正值結婚六周年紀念日，我希望藉此在這裡跟太太 Shirley 說聲抱歉：「辛苦了，謝謝妳。」抱歉我為了工作，經常出外參加比賽，留下妳獨自照顧兩個女兒；抱歉她們生病，生活上遇到難題時，妳要獨力承擔；抱歉我事業陷入低谷時，妳要為我分憂解困。謝謝妳的體諒，謝謝妳的包容，謝謝妳的鼓勵，謝謝妳的愛。

由邂逅至今，我們牽手走過九個年頭。Shirley 和我的愛情故事不帶半點童話色彩，沒有驚天動地；只是平凡而幸福，簡單而快樂。我不是浪漫情聖，但會把每個值得紀念的日子銘記於心，然後為她花點心思送上一絲驚喜。

2008 年 5 月 13 日，丘比特不經意靠向我身邊。那天，我在家樓下公園做運動，見到你帶笑卻無言。這是我第一次與 Shirley 見面，當時已經怦然心動，一見鍾情。但由於我太緊張，生怕說錯話留下壞印象，所以只輕輕打聲招呼，無言便匆匆離開。接下來數天，大家繼續做運動時相遇，逐漸打開話匣子，互相交換電話。之後我主動相約晚膳，算是展開追求攻勢吧！

有些人，你第一眼見到，就感覺很舒服。Shirley 正是我喜歡的類型，美麗、斯文、大方。她給我的第一印象是很乖、很孝順，常與媽媽手拖手。相處過後，發現眼前這個女生甚有內在美，為報父母親恩自小茹素，非常難得，遂被她深深吸引著。也許是天賜良緣，我到英國工作，Shirley 亦負笈英倫。大家均為素食者，加上雙方父母是早已認識的老朋友，所以生活上有很多共同話題。除了桌球。

◎ 第一次與 太太 Shirley 見面，當時已經一見鍾情。

從小在英國長大的 Shirley，從前只要看到電視播放桌球比賽，便會馬上轉台，她只曾聽過鼎鼎大名的亨特利。當她得悉我是職業桌球手後表示「全無印象」，這不失為好事，因她可以從零開始認識我的為人、我的工作，加深互相彼此了解。我們十分投緣合拍，相識不足一個月，便於 6 月 8 日正式交往。拍拖十天八天後，我已認定 Shirley 是自己將來的另一半了。

Shirley 和我的性格都平實低調，相處相戀之道貴乎簡單，簡單到別人眼中或會覺得沉悶。譬如，我們經常光顧同一間餐館，點同一道菜式，但吃得一樣滿足愜意；又或我們事無大小都可以捧腹大笑，就連我在街上被路人認出，Shirley 也會開懷大笑。畢竟人生在世，凡事簡單便開心，何必想得太複雜。當然，所有情侶都會因雞毛蒜皮小事有過無謂爭吵，我們亦不例外，但為數不多，而且每次也是由我來先認低威。其實，道歉不一定代表有錯，只是尊重大家的關係而已。

◎ 太太教懂我，開心人生不一定跟金錢掛鈎。

回想起拍拖階段，我們不會過份花巧，但會為對方略花心思，便已覺窩心溫暖。正如打桌球拆局，愈簡單愈好，實而不華最管用。很多人只顧玩花式，落篩、扯後、轉彎，一場大龍鳳之後亦徒勞無功，球技不見得特別好。Shirley 不時為我下廚，送來愛心美食，這對我來說已是最棒的禮物，每次都吃得份外滋味。至於我本身並非浪漫之人，認識 Shirley 後算是有所進步，起碼懂得在特別日子送上鮮花，以及精心安排節目逗女友開心。要數我這輩子做過最浪漫的事，肯定非求婚莫屬。2009年下半年，我秘密訂造戒指準備求婚大作戰，然而戒指尚未製成之際，我們 10 月 28 日那天來到比利時布魯日旅行。坐在馬車上漫遊這個美麗古城，氣氛如此浪漫迷人，我實在不想浪費此良辰美景。忽發奇想：即使沒有戒指在手，不如也鼓起勇氣向 Shirley 先「求一半婚」。求婚那刻，我極度緊張，生怕被請吃閉門羹。當時，那位知識型馬伕在背景裡，極度用心講解古城歷史及環境，惟我當然半隻字都聽不進去。然後，Shirley 感動落淚，先「答應一半」，我才鬆一口氣。2010 年 1 月，我正式送上求婚戒指，終於贏得美人歸。

◎ Shirley 和我的性格都平實低調，相處相戀之道賞乎簡單。

• Shirley 是我最強大的後盾 •

籌備婚禮的過程中，壓力指數爆燈，畢竟結婚是一生一次的終身大事，我不希望婚禮當天有半點差池。難得 Shirley 善解人意，常常為我減壓，結婚前五個月（2011年1月初），她特別安排一個神秘生日會，邀請所有好友出席為我慶生，帶來無限驚喜，讓我把一切憂慮都拋諸腦後。同年5月30日，Shirley 和我結為夫婦，執子之手，與子偕老。幸好婚禮當日諸事順利，宣讀誓言及簽下婚書的那份幸福感動，我倆畢生難忘。成家立室，踏入人生另一階段，我的心態亦變得截然不同。組織自己的家庭，由男孩變成一家之主，多了一份責任感，需要好好計劃未來日子，養妻活兒……結婚的意義，絕非只是一紙婚書。

一對夫妻共同生活，彼此學習的同時也在互相影響。本書開首所提及的童軍宿營事件，早已反映出我的自理能力比較差。反觀 Shirley 長時間在英國生活，既獨立又能幹，事事親力親為，甚至換車胎亦難不倒她；是她教曉我處理很多家頭細務，亦要我試包餃子、做薄餅。現

在就算獨自返回英國，我也懂得自煮一些簡單食物，頗有滿足感呢！除了充當起居生活導師，Shirley 當然也是我的心靈伴侶。桌球場上，成王敗寇，球手遊走高山低谷乃等閒事。但她把勝負看得淡然，有著另一番見解，當我遭逢敗績、心情沮喪時，Shirley 會說：「你雖然落敗，卻造就別人獲得勝利的喜悅。」她讓我嘗試換個角度去面對失敗，發現敗陣原來可令對手快樂，原來敗陣都有價值。

職業桌球世界從來都是英雄地、名利場，惟 Shirley 總說：「錢永遠賺不完，一家人齊齊整整、健康快樂才最重要。」事實上，Shirley 一點也不著重物質，而且很念舊。她對名牌手錶從來不屑一顧，她擁有一隻價值二千多元、戴了十多年的舊手錶，但已經很滿足；又例如她在英國有一輛汽車，是我們初相識時用來代步，現已殘

◎ 從太太身上，學會了處理很多家頭細務甚至煮食。

舊得連出價二百英鎊亦不會有人收買，可她認為很有紀念價值，就是捨不得棄掉。這些人品性格都是我最欣賞 Shirley 的地方，是她教懂我，開心人生不一定跟金錢掛鈎。

兩個女兒出世後，我與 Shirley 的感情有增無減。唯一美中不足是我經常離港參賽，錯過很多她們的重要時刻。我近年確曾考慮退役，希望投放更多時間陪伴家人。不過太太經常鼓勵我說，趁著還有競爭力，就該繼續打下去，好好把握機會，她會做我最強大的後盾。

鄭伊健《感激我遇見》歌詞首尾這樣寫到：「靠向我身邊，你帶笑卻無言，在落寞情況，常贈我明天，縱會有辛酸，有了你，我願擔起每天，狂風中也熱暖⋯⋯不知怎去講，感激我遇見。」能與 Shirley 牽手，風雨同路，是我一生中最幸運、最幸福的事。

◎ 兩個女兒出世後，我與 Shirley 的感情有增無減。

Dear Marco
......by 太太

「Marco 是一個很貪靚的人，我覺得他認識我之後，愈來愈英俊。」

從初相識至共譜戀曲，爾後共諧連理到組織家庭，和傅家俊走在一起九年，我始終覺得他是一個「大孩子」。外人儘管喚他「神奇小子」，或以「公子」相稱，但在我眼中，Marco 從來只是一個普通人。

Marco 從小就四出外闖，到處參加比賽，事無大小都有人替他打點妥當，所以很多我會以為是 common sense、任誰都會懂的事情，他卻未必會做。但他近年確實進步很多，如今懂得煮飯、泡公仔麵。我不是那種很會牢記事情的人，但有一天我倆在英國家中準備煮飯時，卻發生了一件頗讓我難忘的事情。

英國的家，是廚房和儲物室分開的，我把米都存放在儲物室。那天我要 Marco 從廚房拿電飯煲給我，準備淘米煮飯。正常情況當然是把電飯煲的「內膽」拿出來，沒想到他居然把電線拔掉，再整個電飯煲捧來給我。我問他為什麼整個電飯煲拿過來的時候，Marco 仍摸不著頭腦，「不是你叫我把電飯煲拿來的嗎？」可以說，他在日常生活的細微事情上，就是會有這些令人不禁莞爾的行徑。

跟傅家俊的相識，並不是童話故事裏的一見鍾情，但看對方總算是順眼，沒有抗拒的感覺。第一次見面時，我反而覺得他有點囂張，

簡單打個招呼，介紹自己便馬上說再見，然後離開了。那時候我們住在同一個屋苑，某天各自陪母親在公園做運動時首次見面。到第二次見面（又是做運動）時才開始攀談，Marco 才解釋，說首次見面因為過於緊張，才會落荒而逃。

直至今天我仍說不準 Marco 最吸引我的地方是甚麼，很難三言兩語就去解釋清楚，但相處起來就是有著大家很能融合的感覺。首先，大家都是茹素已經非常難得，兩個人要一起生活，如果有共同目標、方向，或是有相若的日常生活習慣，這已經很好了。然後，他在英國工作，我在英國讀書，兩人不會天各一方。

第二次和 Marco 見面，總算慢慢聊起來。那時互相交換了電話號碼，是有保持聯絡的，但言談間沒有問到他在英國以甚麼工作為生，Marco 也就隻字不提，於是我要過了一段時間，才得悉傅家俊其實是一名運動員。那時候完全沒有想過他會是一個這樣有名氣的人，我既然沒聽說過他，那應該就不會很出名吧，反正就不是像碧咸那樣家傳戶曉！Marco 後來到國內參加比賽，我亦去了台灣旅行，期間只靠電話、傳訊息聊天。那時 Marco 主動聯絡我，說定回港後出來約會，最後大概認識了個多兩個月，才開始和他談戀愛。

我們的愛情是平淡而細水長流，但也不是沒有經歷過波瀾。跟普通情侶談戀愛一樣，起初總是要磨合一番，始終兩人都不熟悉對方，我當時也未意會到他的知名度有多大。比如說，有些事情我希望他能做到，但 Marco 卻不願意做，於是就衍生了一些小吵鬧，不過次數著實不多。

起初約會時，有人在街上向他索取簽名，我會覺得很詭異，撞到有人要求合照時，我在旁更會笑得不可開交。後來撞到娛樂版記者偷影，這些都讓我覺得很有趣，心底裡想「到底是躲在那裡拍攝的？為什麼我都看不到？」那時候我才意會到眼前的他是何許人也，畢竟一直都沒有想過一位香港桌球手的知名度，居然會是那麼大。

與 Marco 一起走過九年光景，但最深刻的依然是談戀愛初期的一次經歷。那時候北京奧運剛結束，我先回去英國，剛開始戀愛的情侶總是難捨難離，但其實他只是比我晚一個星期回去而已。那天相約在英國第一次見面，由於對地方不熟絡，所以約定在一個大型超級市場先見面。我驅車前往約會地點，才剛泊好車，天忽然下起傾盆大雨，他走過來迎接我的時候渾身濕透，你不會設想第一次見面時情況會如斯狼狽，但看他走來的一刻，感覺是相當甜蜜。

要數這些年來最令我感動的場面，求婚那一幕肯定榜上有名，特別之處是 Marco 完全沒有準備，既沒有花束也沒有戒指，是一次完全沒法預計、也無任何蛛絲馬跡的舉動。

那年在比利時布魯塞爾旅行，當時是秋天，陽光非常溫暖，天色美絕，我倆坐在馬車上遊覽小鎮，沿途聽著導遊解說。馬車徐徐來到

教堂附近，他忽然問我那個問題，我出奇不意呆在當場未有回答。到得我回過神來，意識到發生甚麼事情的時候，就不期然流下淚來，他還追問到底是 Yes or No，那時候我只是回了一句「可否晚一點才回答」。馬車行程將近完結時，我再跟他說先回答一半。

始終我完全沒有想到 Marco 會求婚，那時仍處於震驚，要馬上作答的話，又如在夢中。其實那一刻已經知道希望他能當自己的另一半，但又在想，當下是否合適的時機。於是自己想了一下，只回答了他一半，著他準備充份才再正式給他答案。繼續行程後，隔天悠閒逛街，在一家店舖看到一套茶杯耳上附有戒指的套裝，Marco 送了給我作禮物，那是我第一次應承嫁給他。那套茶杯套裝，至今仍在英國家中。

由情人到丈夫，以至現在養育兩個女兒，我倆在互相學習遷就的過程都很舒服，傅家俊絕對是位好丈夫好爸爸。Marco 雖然不是明星，但終究是一位公眾人物，起先我總是無法準確拿捏他在箇中的定位。作為他背後的女人，當初也不知如何是好，還好在談戀愛和結婚初期都有伴隨他外出比賽，逐漸我了解到他在運動員生涯所承受的巨大壓力。

光是坐一段長時間看他打球都覺得屁股酸痛，更何況 Marco 要在場上聚精會神的站著比賽。曾經有一項比賽的外圍賽，他與 Anthony Hamilton 交手，那場比賽打了足足七個小時，這種辛苦，無論是體力、精神上，或是心理壓力，並不是每個人都會感受到。由最初的不了解，然後慢慢認識桌球這項運動，我意會到這一切其實不難理解，甚或跟常人打工無異。別人起床上班，傅家俊就去練習或打比

賽。比賽總有輸贏，等於工作不一定順利，但 Marco 無法代入這種想法，因為他從來只有「打桌球」這一份工作。

兩個人在日常生活相處，少不免總會互相影響，可以說我對他的影響，該比他對我的影響為大。始終以日常生活的事情來說，他不懂的事情比我多，在這些方面我都可以教他。如果說 Marco 對我最大的影響，應該是在日常生活中學懂要放慢步伐。我個性急躁，傅家俊卻總是慢條斯理，舉例說，從前去旅行乘搭飛機，我永遠趕東趕西，或是在張羅細微事情。跟他一起以後，逐漸明白只得一個著急，然後另一半不是同一步伐，最後也只是乾著急而已，所以逐漸我也學會放慢步伐配合他。

傅家俊是職業桌球手，自然我也會叫他教我打球，原來真的非常困難！別的不說，單是要我同一球連續打十次，我已經覺得肩膊很累。旁觀者看球賽總是以為某些球很容易打，看上去是直線，又在洞口，不明白球手為何會打失，換你去試試就知道得一清二楚了。自己試過、感受過就知這有多難。

作為 Marco 的另一半，無論順境、逆境，發生甚麼事情，我都會繼續在身邊支持他。假如日後不再打球，無論他要發展甚麼，比方說開桌球室、做生意，或是轉型，我都會全力支持他。我一直向 Marco 說：「家中的事由我一手包辦，你只需要專心打球。我負責管理這個家，你只消管理自己的夢想就可以。」我也建議 Marco 先不要退休，繼續打，直至最後一刻。有些比賽他可能會選擇不參加，寧願多抽時間陪伴我和兩個女兒，但我總是說，如果能打就參賽吧，始終職業生涯何時完結，誰都說不準。

由於我曾經一個人在英國生活，如今即使長時間沒有和他見面也沒問題。我總是說幸好傅家俊找了我做太太，不是每一個人都可以接受另一半長期不在身邊。從小我已是一個很獨立的人，這一點對我做他的另一半是很有幫助的。這不是說當中沒有難熬的日子，像是小朋友生病的話，自然會額外辛苦。除此以外，我都鼓勵 Marco 繼續追夢，直至有天覺得打不下去，那就回到這個家。

16

前世情人

◎ 我的兩個前世情人包包與米米。

◎ 我們這一家。

人們常說：「女兒是父親的前世情人」。兩個囡囡的到來，讓我深切體會到這句說話背後的浪漫情懷。她們每次撒嬌，總令我無力招架、任勞任怨，我樂意當她們的玩具、喜歡被她們欺負、享受跟她們一起傻乎乎的時光⋯⋯每分每秒，也甜上心頭。

我一向喜歡小朋友。2011 年 5 月與 Shirley 結婚後享受了短暫的二人世界，便決定生兒育女。我原本偏向想生兒子，幻想日後兩父子一起打桌球或做運動，會是一種蠻有趣的親子生活。但兩個女兒令我改觀，女孩子始終

比較細心、文靜、乖巧，而且很會哆人，簡直把你整個
人都融化了！

還記得 Shirley 懷著第一胎期間，我的心情相當複雜，
既開心又期待，既緊張亦不安，壓力愈來愈大。後來，
竟然她產前，我抑鬱，雙腿不僅無故抽筋，更不時作嘔
作悶，疑似出現男士「假懷孕」症狀，回想起來都覺有
趣。2012 年 12 月底，太太已臨近預產期，有天我需要
到距離倫敦約三個半小時車程的約克郡（York）參加一
場外圍賽。賽後我連夜駕車趕返倫敦，回到家中已是凌
晨四時，沒料 Shirley 突然作動，比預產期早了一星期，
女兒像要等我回來才肯出世。我急忙開車送太太到醫
院。那夜凌晨，倫敦風大雨大，我緊張得思緒紊亂、六
神無主，幸得外母在旁。她是退休助產士，接生這回事
經驗豐富，絕對是我和 Shirley 一顆定心丸。

太太選擇在英國公立醫院分娩，第一胎必須順產。惟我
們安抵醫院後，發覺 Shirley 尚未達至狀況生產，唯有
返回車上等候。不久後，她開始陣痛，但依然一副輕鬆
模樣，隨遇而安，甚至悠然睡著了。我在身旁卻擔心得
要命，狼狽不堪。Shirley 終於入院，陣痛愈見頻密，

前後足有十二、三句鐘。我感覺時間彷彿停頓了，非常擔心但幫不上忙。醫生嘗試進行無痛分娩，在她脊椎位置打了一支無痛針後仍然無效，Shirley 痛得全身抖震，那一刻，我崩潰了，淚如泉湧，哭過不停，大約哭了二十次吧！後來 Shirley 身體出現變化，發高燒導致 BB 受壓，心跳加速。醫生在緊急情況下，決定動刀作剖腹手術，最後有驚無險，女兒終於平安來到這個世上。我經歷了一生中最難忘、最難熬、最深刻、最心痛的十二小時。

儘管已放下心頭大石，但我又疑似產後抑鬱，之後數天每每憶起當時情境都忍不住落淚。母親——這兩個字實在太沉重了。生孩子這經歷，讓我對父母的愛倍感珍惜，亦由衷敬佩 Shirley 以至世上每一位母親，她們的勇氣和偉大母愛戰勝一切苦難。我經常說比賽有壓力、未解決，但跟生孩子相比，我那些什麼壓力完全不足掛齒，說出來也笑壞人。

女兒長得肥肥白白，所以我們給她起了「包包」這個乳名，後正式取名傅晞媛，英文名 Alicia Belle，媛及 Belle 皆有美麗女孩的意思。由二人世界變成三人天地，

◎ 最初照顧大女時，初為人父很多是手忙腳亂。

◎ 大女包包與太太常到場支持我出賽。

家庭更為完整，我們過著全新生活，一邊學習一邊成長。作為新手爸爸，湊女初期確實手忙腳亂，戰戰兢兢地餵奶、洗澡、換尿布，包包晚上每隔十五分鐘便醒一次，兩夫婦惟有輪流起床照顧女兒。那段日子大家甚是辛苦，累得筋疲力盡，但一切都是值得的。記得包包出世後數天，太太因傷口未癒行動不便，我只好獨個兒開車送女兒到醫院檢查，這是我兩父女的首次單獨約會，印象很深。此外，包包很多第一次亦令我十分難忘，尤其是第一次以相機拍下她的開懷笑臉，便叫我們樂透好幾天！

榮升爸爸後，加速了我的成長，責任心更重，比賽倍添動力。包包非常「好腳頭」，她出世後兩個月，我便在2012年2月德國公開賽打入久違了的排名賽決賽，最終獲得亞軍。無可否認，陪產的經歷告訴我，輸比賽絕不可怕，所以心態放開了，自然發揮出應有水平。2013年7月澳洲公開賽，我擊敗東道主球手羅拔臣，打破六年錦標荒，高舉生涯第二個排名賽冠軍獎盃。後來聽太太說，包包當日透過平板電腦看決賽時不停拍打屏幕，我奠勝一刻，她甚至興奮到嘔奶！作為職業球員，捧盃的感覺永遠是最美妙的。不過當上爸爸後，我會特別想家，期待盡快回港跟家人相聚。那次我從澳洲凱旋，步出機場一刻看見 Shirley 抱著包包迎接，感覺份外溫暖。

我和太太都是獨生子女，所以一直希望給包包一個伴，沒有那麼孤單。如是者，我們決定再生小孩。2015年7月，第二個女兒也在英國出生。雖說已經有過首次經驗，可是我依然緊張又擔心，說到底生孩子始終有著不低的風險。難得 Shirley 非常輕鬆，進入產房前還不忘自拍，開刀做手術前更跟醫生一起點播歌曲。太太兩次分娩，我都全程陪產，說實話，做爸爸固然開心，但過程絕不享受。相比包包出世時諸多阻滯，妹妹的降臨便順利得多，不過她出生時手腳都很幼很細，瘦削得薄

◎ 大女包包出生後，我再次贏得職業生涯上第二個排名賽——冠軍——澳洲公開賽。

如紙，口大又醜怪，哈哈哈！次女名叫傅靖媛，英文名 Amelia Lara，乳名「米米」。名字沒有特別意思，但我們盼她與姊姊都有同一個「媛」字，感覺更親近。米米跟包包一樣好腳頭，她出世不久後，我又贏了直布羅陀公開賽冠軍，且在比賽中轟出生涯第四桿 147。

由三人天地變成四人家庭，大家都需要適應期。我們特別要照顧包包感受，多了一個妹妹令她有一定壓力。原本是萬千寵愛在一身，現在就要做好榜樣，學會分享，雖然包包最初有點不安，幸好很快便安定下來，而且懂

得愛錫和保護米米，兩姊妹感情十分要好。不經不覺，
包包快將五歲，米米亦滿兩歲，兩姊妹性格南轅北轍，
姐姐文靜，妹妹好動。包包只要坐下來看一下書、畫
一個畫已經開心滿足，米米就特別喜歡出外玩耍，給她
「放電」。我和太太在教女分工上早有共識，比較嚴肅
和認真的教導部份交由 Shirley 處理，我則負責跟她們
玩耍。畢竟自己經常出外比賽，回到家中總希望給她們
歡樂時光，即使偶然被女兒欺負、扯頭髮，我依然樂在
其中，享受她們天真爛漫的階段。好像包包生得跟我像
餅印一樣，但女孩子都渴望像媽咪般漂亮，所以每次聽
到「你很像爸爸」四個字，她會不高興，一定扁咀説：
「No！」看在我眼中，卻可愛極了！

◎ 包包亦很期待妹妹的出生。

◎ 我們的家庭由三人天地變成四人家庭，兩姊妹要繼續相親相愛。

◎ 有了照顧大女的經驗，照顧細女米米更得心應手。

對於教兒育女，我認為應該採取開放態度，幫助她們發掘自己興趣，擁有健康和快樂的童年最為重要。我和 Shirley 都拒做怪獸家長，讀書只是人生很少的一部份，性格絕對決定命運。我有不少朋友學業成績非常好，但工作發展並不順利，有的成績差劣，卻事業成功。「贏在起跑線」這句說話，恕我不敢苟同。正如我的桌球事業亦非贏在起跑線，起步雖然較遲，但也有不錯發展，最主要還得看工作態度，以及是否願意付出努力。為了讓兩個女兒學講廣東話、學寫中文，並教曉包包和米米香港是我們的家、我們的根，我和 Shirley 安排她們回港上學，且入讀傳統學校。那怕香港填鴨式的教育制度存在不足之處，有機會把小朋友變成機械人、失去童真，我們只望做好自己本份，不強求女兒考第一，凡事但求盡力，希望一起找到一個平衡點。

我慶幸兩個女兒都很精乖伶俐，沒有給我「set 士碌架」。最大難題只是當她們搶玩具時齊齊求助時，心軟的我便會左右做人難。完整的家庭讓我明白到，事業上縱有失意挫敗，家裡仍有摯愛親人等著我回來。去年底我贏得蘇格蘭公開賽冠軍，聽見包包親口說一句「very proud of you winning the trophy（為你奪冠感到驕傲）」，簡直甜到入心。

◎ 我贏得第三個排名賽冠軍，太太與包包合力創作畫了這畫給我，現成為家中的裝飾。

我是爸爸

自問是悶蛋一名，相比外國球員，更可歸納為超級悶蛋類別。組織家庭前，我的生活只有練習、比賽和練習。久而久之，沒有地方釋放壓力。近年組織家庭後，我逐漸領略到過份專注一件事，只會適得其反。反觀當上兩女之父後，由於要跟太太分擔家中部份瑣碎事，這反而有助我在桌球生涯再創高峰。原因很簡單，因為打波壓力已不知不覺間被「包包」及「米米」兩位可愛小公主分散了。我知道，即使輸掉比賽，尚有妻女等著迎接我回家。況且，桌球只是生命裏其中一個章節，能夠於事業與家庭兩者取得平衡，才是我最渴望的生活。畢竟人生不止輸贏，桌球以外還有很多……

17 教練與我

◎ 郭偉恩的執教理念十分大膽，改善了我的打法。

打桌球需要教練嗎？這個問題我在剛剛轉戰職業賽時曾經加以否定，認為只要勤加練習，透過不斷實戰便能進步。然而，桌球是一項非常複雜而難度極高的運動。我當年一開始便形成了錯誤動作，陋習根深蒂固，技術誤差導致戰績不進反退，好一段長時期在歧路上獨自鬱悶。猶幸遇上基夫斯父子 Terry 及 Wayne（郭偉恩）兩位名師，最終我花上十倍精力來修正，把水平提升至另一層次，才能在近季重返高峰。

桌球雖是流行運動項目，但桌球教學並不普及，即使
最流行的八十年代亦只得一名比較有名氣的已故教練
Frank Callan。他曾令 1979 年世界冠軍基夫斯及六屆世
界冠軍戴維斯得到顯著進步，更協助亨特利於 1999 年
第七度登上世界冠軍寶座，堪稱桌球壇教父——教練之
父。當年加拿大啟蒙師傅 Tommy Lee 對我的指導方式
類似分享會，大家一起討論，比較隨意，但專業的桌球
教學卻包含姿勢、企法、出桿、入位、瞄波、cue 法運
用等細微動作改善，以及科學化數據分析。以往我對這
種教學全無認識，儘管 Tommy 曾經提醒我到英國發展
後，需要尋求教練幫助，調整技術，彌補不足之處，惟
我沒有在意，一心以為靠自己的努力一樣可以突破。

2002 年，事業陷入低潮。我帶著期待的心情首次接觸
前經理人公司 110 Sports Management 御用名師基夫
斯，期望從他身上獲得錦囊。我在桌球方面的思想比較
開放，願意接受新事物，聽取不同意見，再擇善而從。
還記得我們首次見面，Terry 非常專業，首先拿出一支
筆一本簿，寫下我技術上出現的所有問題，就像醫生記
錄病人病歷一樣。然後，他把改善細節如握桿位置、出
桿握法等編印一份詳細報告，讓我帶回去慢慢研究和實

習，這種教學方式讓我感到有趣、新鮮和特別。可是遠水不能救近火，要糾正多年錯誤和陋習亦非一朝一夕的事。數日後，我出戰世界錦標賽最後一圈外圍賽，依然以四比十大敗於梅菲。滿以為看名醫即可藥到病除，教訓是叫我別再臨急抱佛腳。然而，這場敗仗使我卻步，生怕改變打法後更不濟，我索性選擇逃避，沒有再找Terry，寧可保持一般水準、平庸成績，也不願博一博。

● 與基夫斯兩度合作 ●

2005 年，我和 Terry 第二度合作，這次的師徒關係變得長久而密切，每逢比賽前我都會先飛往威爾斯接受指導。那時候，我已改變了全套握桿方法，例如推前握桿後手位、加長枕手與白波位置距離，可以說整套擊球設定動作已全然不同。此外，我的拉桿一向不夠直，打「發力波」的話，球的位置總會有所偏差。Terry 著我盡量減少打發力波，短檯圍球時，拉桿動作要縮短，起碼保證出桿筆直，最初確有不錯效果。此外，瞄波及擊球入位也是修正重點。原來我以前經常瞄錯位置，只不過桌球有時候會出現「負負得正」的情況，好像瞄錯一隻波，只要「出錯桿」亦會入球，但「負負得正」令發揮欠穩定，所以務必從基礎改起，把它變成「正正得正」才有保證。

從前我一直靠直覺打球，要由渾然打法轉為機械化模式，是一個非常艱辛的過程。每入一球都有一套系統，如何企位、步入、俯身，怎去握桿、拉桿、出桿，位置、角度、力度等等，我統統都要重新理解。了解過後，如何把新技術帶到比賽場上又是另一門學問，加上承受著龐大壓力，思緒難免紊亂，甚至懷疑自己的能力。那段時間被戲謔為「磨王」，全因我尚未熟悉和掌握新打法的竅門，每球總要花上幾倍時間去思考、計算、量度。

就這樣掙扎了大半個球季，熬至 2006 年最後一項賽事——世界錦標賽，我才打出成效，整項賽事轟了八桿「過百」，足足佔全季的三份之二。晉級過程中先後擊敗 Alan McManus、麥佳亞及杜靴迪，躋身四強，終於能夠在只得一張球檯的克魯斯堡（The Crucible）比賽，是每位球員夢寐以求的成就，連 Terry 也高興得給我一個擁抱。

跟隨 Terry 的那幾年間，我非常勤奮地練習並鑽研新技術。呆在威爾斯的日子，每天會練上六、七句鐘，2007 年格蘭披治冠軍是我倆合作以來首個戰利品。從 2005 年起，Terry 助我修正不少技術，但同時仍有很多難題未及解決。Terry 當時勸我接受自己技術上的不足，因而刻意避開一些高風險的改動。然而，當蜜月期過去，我不斷重複同一套訓練系統好幾年，漸漸感到技術苦無突破，至 2011 年夏天隨著 110 Sports Management 倒閉，Terry 回復自由身，大家的師徒緣份終告一段落。緣來也緣去，但我跟 Terry 還未緣盡。緣份讓我遇上了 Terry 愛兒 Wayne，是他的先知卓見把我帶到另一境界。

• 下半場仍是基夫斯 •

其實，郭偉恩（Wayne Griffiths）早於 2010 年已獲香港
體育學院聘任香港桌球代表隊總教練。那年的廣州亞運
會我亦是港隊成員之一，不過當時我仍師從 Terry，故
此 Wayne 未有作出任何技術指導。我記得，Terry 曾
稱讚兒子雖未曾一嘗職業球手滋味、個人名氣亦遠不及
他，然而在桌球教學方面卻有著更深功力。我本以為這
只是父親扶助兒子一把的客套話，但自從 2011/12 年球
季開始轉隨 Wayne 學藝後，發現他果然是有能之士，
甚至青出於藍，作為教練比老爸 Terry 更出色。

郭偉恩屬年輕開放派，執教理念十分大膽，以往連
Terry 也未敢觸碰的高風險問題，他選擇直接面對解
決。他堅持我拉桿歪是致命點，縮短拉桿動作、聚焦短
檯白波控制僅屬治標不治本，若要突破成績重返世界前
八位，就必須要徹底根治。「拉桿動作沿途筆直」在桌
球教學層面上，屬非靜止動作，是非常困難的改動，加
上該球季比賽數量激增，練習和調整新技術時間相應減
少，如此改動令我感到極度痛苦。不過面對職業生涯最
嚴峻關口，我還是鼓起勇氣和決心求變，因為我渴望進
步。改善拉桿動作後，讓我的打法變得多元化，既有短
檯亦可打發力波，過百次數愈來愈多，2012 年奪取德
國大師賽亞軍便引證了新技術的威力。

經過多年磨練，現時我的打法已揉合以往的渾然天成打
法，以及純技術性的機械化模式，強項在於得分能力、
白波控制能力及心態，防守和長檯略顯不足，發力波與
hard shot 欠準繩度是最大弱點。即是說，我尚有大量
進步空間。事實上，桌球最有趣的地方在於每一步如入
波線路、位置、力度，全是抽象行為。你有很多方法打
入一球，個人喜好、習慣各異，但要領略出最佳方式便
需花掉大量時間。站在世界頂尖水平，每個細節都舉足

輕重，我敢肯定所有職業桌球員對如何改善自己技術皆曾有所掙扎。

現今球壇對桌球教學仍然抱著半信半疑的態度，以下這些尋求教練協助的球星可能會令你改觀。例如：奧蘇利雲早年看到自己的不足後，便隨名宿 Ray Reardon 學習 set cue，令本身進攻力強的他加添防守元素，從而變得更加厲害；亨特利遇上低潮亦先後向 Frank Callan 及基夫斯學藝；就連被視為「活動教科書」的梅菲和丁俊暉亦曾同樣求助教練，力臻完美。希堅斯及沙比雖從未找教練指導，但兩人仍然靠自己不斷在技術上作出改善。總結而言，不論自教或他教，教練在桌球運動佔著不可或缺的重要角色。身為受惠者，我對桌球教學工作甚感興趣，也渴望將來退役後把自己所學所知傳授下一代。

◎ 除了遇到好的教練，一路以來家人的默默支持尤其重要。

教練郭偉恩眼中的傅家俊

Marco Fu is a winner. That may seem an obvious statement about a three-time world ranking event winner, a multiple Asian Games gold medalist and one of the most successful Asian snooker players in the history of the game. To have made four competitive maximum breaks and over 450 competitive century breaks (8th in the all time list), it is clear that he is doing something right. Some might attribute his success to special circumstances, luck or a unique set of technical skills.

As his coach for the last six years, I disagree. These factors play a role of course, but what I have experienced during my career in sport and in business, is that this is only a small part of the story. In my opinion, Marco is a winner because he has the right mindset and an excellent attitude.

He is a great player, but he always wants to get better. He has achieved fantastic results, but he always feels he can do more. He reflects honestly on his performances, rather than looking for excuses. He puts systems in place that encourage improvement based on facts, not opinion. He recognizes the importance of, and works very hard on, the mental side of the game. He sees any weakness as an opportunity to get better and not as a limiting factor. He has a growth mindset, allowing him to see obstacles as challenges that need to be overcome and to see setbacks not as failure, but as feedback.

His practice sessions are undertaken with focus and a determination to learn and improve. For this practice, he values quality over quantity. It is not an accident that the players who have the best results, are also the players who work smarter and harder than their peers. Attitude is the foundation needed to build your skills upon. Of course Marco has an incredible skillset, but what takes him to a higher level is that he makes the most of this skill with a winner's mindset.

Our journey together as player and coach started in 2011. I will never forget our first technical lesson at Ivan Club in Mong Kok. We had discussed what Marco wanted to do in the short to medium term to improve his game. He was adamant that he wanted to rebuild his technique to improve his consistency. His technique was 'unique'– it could produce brilliant performances or poor performances. It was his skill and mindset carrying him forward rather than any technical advantages in my opinion. However, to change his technique was going to be a big job – for us both! Thirty minutes into the session however, after discussing what I thought was needed, he had eradicated a number of the technical 'faults' that I thought would take months to change. Of course, there followed a period of uncertainty, where these changes had to be grooved so he could perform under pressure, but I knew from that first session together that here was a very special talent I was lucky to be working with.

By his own admission, inconsistency had punctuated Marco's early career and he struggled to maintain long, unbroken periods in the top 16 ranking. Brilliant 'A game' performances were often followed by disappointing 'B game' performances and he found this frustrating. Since 2011 we have left no stone unturned in our efforts to make Marco's 'A game' better and more consistent, and worked hard to make sure that the below par performances he was guilty of in the past, were now replaced by a more solid 'B game'. This improved 'B game' saw him using different strategies to carve out victories even when not at his best - where previously he may have faltered and exited the competition. There were notable peaks for Marco in his early career, but he thought that the troughs during the same period were too deep and all too frequent. Our job was to work together to keep the peaks, to enhance them and to see them more often, while minimizing the depth and frequency of the troughs.

This in simple terms meant we had to keep and improve his stronger performances and also improve his weaker performances - and the negative mindset that came with them. It sounds simple, but a player needs belief, desire, an open mind and good risk management to carry this off. He also needs to trust himself and his coach. This is a huge ask – but anything I have ever asked of Marco has been approached with an open mind and a positive attitude. He has worked tirelessly and effectively to enhance his consistency, and as a result of his determination and professional approach, he is now enjoying his longest unbroken run (four years) in the world's top 16 ranked players since the start of his 20-year career.

Marco has a great deal of technical knowledge. He will often discover and work on technical improvements himself. In other instances we work together and, rather than insisting on changes, I will tend to offer logical solutions to Marco that we will discuss and try on the table - reflecting on these proposals before making a decision to introduce them (or not).

To reach his current record ranking of 5 in the world, Marco has worked hard on every area of his game. We use post performance feedback, profiling and gap analysis to strive for continuous improvement. As a result of this analysis Marco has worked on technical improvements in almost every department of his cue action. We have also worked collaboratively on improved strategy and shot selection and searched for an optimum or balanced rhythm. Nutrition and sleep have been planned in more detail too. Another area we have strived to improve is mental strength and resilience – so important at the elite level. This has never been a weakness for Marco, but we felt that it was an area where we could really make great strides in improving consistency. Marco has worked, and continues to work, on a number of strategies that can give him a set of mental skills that will stand up more consistently to the ultimate pressures he faces at world-class level.

Notwithstanding all this, we are still always looking for ways in which he can improve further. What has been good and why? What can be better and how will we form the plan to make it better? The Japanese principle of Kaizen talks about continuous improvement and sees excellence as a journey not a destination. These are principles Marco uses to be the best player he can be.

Marco has been referred to as a gentleman and a silent assassin in the past. He unsettles players with an outward calmness that belies an inner strength and desire to win. He can look down and out at times, but he can often find the inspiration to turn that around and go up through the gears in devastating fashion. His peers have learned never to write him off and they will always respect him as a result.

The longer, modern season, with more events tends to favour Marco in my opinion. He is a player with great ability who, given enough chances in 12 months, is sure to hit the button at some stage and move into 5th gear – as he showed in winning the 2016 Scottish Open. This was arguably one of the best ever 'gun to tape' performances in a world ranking event. He scored 11 century breaks at a ratio of 1 in every 4.27 frames and his 50+ break return was an incredible 1 in every 1.46 frames. This sort of scoring performance is rarely seen. I do not think it will be bettered through a whole tournament in the near future.

Marco has a very clear approach to motivation. This is an area where we are slightly different and where I have needed to adapt and learn from

Marco in order to try to help him. My take on motivation comes from a football background and getting mentally 'pumped up' by my opposition to find my optimum performance. This is not Marco's way.

John Wooden, the legendary UCLA basketball coach, said you should never seek to be better than anyone else, but on the other hand, you should never cease to seek improvement in yourself. This great statement could have been written for Marco. Getting pumped up or looking to get one over his opponent for his own gain has never been a motivation for him. His motivation comes from wanting to be a better person and a better player and that is where we begin our planning. Focusing on self-improvement as motivation is what helps him to remain so balanced when he experiences victory or defeat. This calm persona and unshakable balance is also a distinct competitive advantage that unsettles some opponents. During the period we have been working together, Marco has become a father-of-two and I believe this has improved his motivation even further. His wife Shirley and his daughters Alicia Belle and Amelia Lara have become a new inspiration for him.

Our differences in approach with regard to motivation can be illustrated in some funny instances we have enjoyed in our time together. After a great win Marco will generally stroll out

of the arena as calm as ever and you could hardly tell if he has won or lost. On occasion though, after a particularly impressive or satisfying win I will be waiting for Marco as he comes through the stage door. I have been known on these occasions to almost knock him out with my exuberance as I grab hold of him to congratulate him – in a similar manner to Barry Hearn almost wiping Steve Davis out on the Crucible floor after his first world championship win in 1981. I think he is becoming increasingly worried about this. After his recent comeback to beat Luca Brecel from 2-7 down in the first round of the 2017 World Championships (a first-round recovery achieved only three times in 40 years), on seeing me waiting for him as he emerged after victory, Marco thought twice about running away back through the stage door! As he looked at his 90kg coach with red hair and a red face waiting for him, I genuinely think he was in fear for his life at that moment!!!

I feel I have been incredibly fortunate to work with Marco for the last six years. He has taught me a lot more than I have taught him - although he probably doesn't realise it. All the hard work done by Marco over 20 years and more is the reason why he remains one of the best players in the world. For my part, I have enjoyed trying to support him in his efforts for a small part of his career, and I look forward to continuing our journey together for as long as he can put up with me jumping on him as he walks out of the arena after another great victory!

教練郭偉恩眼中的傅家俊（中譯）

曾贏得三項職業排名賽冠軍、多面亞運會金牌兼桌球史上最成功的亞洲球手之一，顯而易見，傅家俊是一個贏家。能夠在職業賽四次打出 147 滿分、超過 450 次一桿過百（歷來排名第八），毫無疑問他做對了！然而，有人認為他的成功只是僥倖、運氣或只因一套獨特的球路。

作為他過去六年的教練，我不同意。無疑，上述因素佔有一定的位置，但根據我從事體育以及營商上所得的經驗，這些因素只佔小部份。我的見解是：傅家俊的優勝在於他有出色的態度和正確的心態。

他已是一位優秀的球手，但仍經常渴望更上層樓。他已有不錯的成績，但仍經常認為自己能做得更好。他一向如實檢討自己的表現，而不會為自己找藉口。這在他的比賽中可見一斑。他根據事實而非觀感、有系統地改進自己。他很注重、亦很努力地改善自己比賽時的心理質素。任何弱點在他看來都是一個進步的機會，而不是一個限制。他有一顆進取的心，令他視一切障礙為需要克服的挑戰，一切挫折皆不是失敗，而是對自己技術的回應。

他訓練時專注，堅決學習並進步。有關訓練，他著重質不重量。成績好的球手練習時一般比其他人更有效率但又更刻苦，這不是偶然的。態度是改進球技的基礎。無疑，傅家俊的球技出色，但真正把他帶到更高層次的其實是冠軍的心態。

我們「教與練」之旅始於 2011 年。我絕不會忘
記我們在旺角的第一堂課。經過一輪討論，Marco
希望在短至中期內，透過重建整套技術以增加比
賽時穩定性。他那套波算「獨特」──時而出色，
時而失色。我認為，一直引領他向前走的並非其
技術上的優勢，而是他熟練的技巧與穩定的心態。
若然要改進他的技術，對我倆來說都是極大工
程！然而，討論過後，一些我以為需時數月才能
改善的毛病，他只用了三十分鐘便把它們全改過
來。當然，後來他還是有一段不穩定時期，需時
融會貫通，好讓自己於壓力下仍能把新技術發揮
出來。不過從那第一課開始，我便知道能與一位
這樣有天份的球員一起共事，我算走運。

Marco 自己亦承認，職業生涯早期因發揮不穩
定，讓其世界排名於前十六位進進出出，未能長
期維持前十六之內。時好時壞的表現，令他為之
沮喪。自 2011 年起，我們致力令傳家俊「時好」
的表現變得更好與更穩定，同時努力把過去那些
「時壞」的表現改善為「不差」。這些改善了的
「B game」裡，他使用不同戰術，令自己即使
不在最佳狀態，仍能頂住取勝；以前他可能頂不
住，然後會輸掉。傳家俊職業生涯早期已有明顯
高峰，但他認為那段時期、既深且密的低潮才最
致命。因此，我們當時的目標是盡量保持與延長
高水平發揮，並希望增加次數，同時縮短低潮的
次數與幅度。

簡單來說，就是要維持並改進他的強項，同時亦
要改善其弱項，以及隨之而來的負面情緒。這聽
起來很容易，但要能達至此效果，運動員需要信
念、渴求、一顆開放的心以及良好的風險管理。

同時，也要對自己和教練有信心。這是非常不容易的。然而，我對他的任何要求，他都以開放的心和正面的態度來處理。他努力不懈、有決心、有效地、專業地練習來提升自己的比賽穩定性，終於在開始第二十個職業賽季前，Marco 創出個人新紀錄──連續第四年保持年終世界排名前十六。

傅家俊擁有豐富的技術知識，但他仍會不斷地發掘和努力改善自己的技巧。因此，我們的合作不在堅持改變，我傾向提供邏輯性的解決辦法，然後我們一起討論，再於球檯上嘗試再嘗試，然後才決定是否作出改變。

為了達致其現時的世界排名第五，傅家俊在每個層面都很努力。我們不但科學化地檢討、研究與分析，亦在策略上作調整，營養與休息方面的規

劃也不能忽視，當然還致力改善其心理質素與抗跌力，這些在精英體育範疇都是特別重要的。

説到底，我們就是想方設法令傅家俊進步再進步。從前有甚麼好？為甚麼那是好？我們要如何設計才能令那好變得更好？日本人經營之道「改善法則」著重不斷的進步，並將追求卓越視為一趟旅程，而不是一個終點。我認為，傅家俊正正活出這法則，讓自己一直追求成為最優秀球員。

傅家俊一直被認為是一名紳士，同時又是一個沉默的殺手。他那冷靜的外表掩蓋內心對爭勝的渴求與頑強的鬥志，這反而有助搞亂對手。偶爾他會失神，轉眼之間卻又尋回感覺，把情況逆轉並帶來壓倒性的勝利。因此，他的對手們知道絕不能輕易放過他，而且十分尊重他。

依我看來，現代桌球賽季比較長並有較多賽事，這都有利傅家俊。Marco 是一位極有能耐的球員，一年十二個月期間，他總能找到機會「大爆發」—— 2016 年的蘇格蘭公開賽冠軍便可見一斑。那次可能是職業排名賽有史以來，其中一次整個賽事最高平均水平的精彩表現。傅家俊打出十一次一桿過百，平均每 4.27 局便出現一次，更令人難以置信的是他每 1.46 局便打出一次一桿過五十分。如此高水平的得分表現極為罕見。我認為短期內，其他人不能打出比這好的賽事最高平均水平。

傅家俊有個十分清晰的途徑去尋找推動力。這方面與我有些不同，為盡力幫助他，這是我必須向他學習並適應的範疇。我的出身與足球有關，我推動自己的方法一般是利用對手的存在，從而激發我的最佳表現。但這並非傅之術。

UCLA 傳奇籃球教練 John Wooden 說，永不追求戰勝別人，只求不停戰勝自己。這句話有可能是為傅家俊而寫的。利用戰勝對手那種渴望，以求自己的最大得益，從來都不是他的推動力。他的推動力來自渴望成為更好的人和更好的球員，我們就是從這方向制定我們的規劃。以自我進步作為推動力，讓他無論在勝利或挫敗中，都能保持平穩與安靜的心。這種異常冷靜的外表以及看來泰山崩於前而色不變的堅穩，也是他一種足令對手自亂陣腳的競爭優勢。在我們合作的這段期間，傅家俊已成為兩個孩子的父親，我相信這令他比以前有更大的推動力。對他來說，妻子 Shirley 和兩個女兒 Alicia Belle 和 Amelia Lara 已成為他的新泉源。

我們對尋找推動力的差異，可以透過一些有趣情況來說明之。即使贏得漂亮，傅家俊通常會平靜地緩步離開比賽場地，平靜到一個地步你難以知道他到底是贏了還是輸了。一般來説，如果他在某場表現特別出色的話，勝出之後我會在後台的門外等他。我好幾次熱情洋溢地抓住他、恭喜他，但差點使他窒息——情況類似 1981 年戴維斯首次贏得世界冠軍時，走點被 Barry Hearn 撞到在地上一樣。經過幾次後，我想 Marco 越來越擔心會有這狀況。在 2017 年世界錦標賽第一輪賽事他由落後二比七，居然反勝 Luca Brecel 之後（四十年來只有三次於首回合成功反勝），在後台見到我正在等著他時，Marco 應該兩次想過從進來的門口往反方向溜走！當他見到他那九十公斤、滿臉通紅的紅髮教練正在等待他時，我真的覺得那一刻他實在擔心自己的生命安全！！

能夠與傅家俊合作了六年，我認為我是超級幸運的。即使他未必意識到，但他教曉我的遠遠多於我教他的。二十多年來所下的苦功，説明了為何傅家俊仍是世界上最佳球手之一。個人來説，我非常享受能夠在他職業生涯一小部份裡，盡我的綿力去支持他。只要他能忍受我衝上去抱緊他、恭喜他再贏漂亮一仗的話，我都期待我們能夠繼續合作。

重登高峰

漫長的十九年職業桌球人生路上五味紛陳，走過高山低谷，笑過哭過、跌過痛過後，我終於在近兩個球季（2015/17）重登高峰，步入事業穩定期。雖然有點遲，但不算太晚吧。

多得教練郭偉恩（Wayne Griffiths）自 2011/12 球季起從旁指點，徹底修正我多年來在技術上的錯誤和陋習，加上來自妻女背後支持的家庭原動力，我繼 2013 年揚威澳洲公開賽打破六年大型排名賽錦標荒、以及 2015 年捧走小型排名賽直布羅陀公開賽冠軍獎盃後，踏入

◎英國舉行的比賽，常有機會遇見桌球的前輩，這位是 1985 世界賽冠軍 Dennis Taylor。

2016 年更渡過了生涯最豐收的一載，跨季戰績穩步上揚，重返世界錦標賽四強和奪取蘇格蘭公開賽桂冠都可說是近來代表作。

十年人事幾番新。2006 年首次躋身世界錦標賽準決賽，那時我仍是單身漢，正值職業生涯低潮，需向基夫斯教練求助⋯⋯十年過後，身邊人與事皆有很大變化。我不僅已為人夫，還是兩個寶貝女的父親，心態全然不同，即便對手也是一代新人換舊人。十年前的對手有些退役，有些退步，但我依然可以繼續打球，且能保持高水平競賽狀態，這才是最值得感恩的事情。

• 2016 世界賽畢生難忘 •

這年世界錦標賽是我生涯另一最難忘賽事，不但取得不俗成績，期間更發生了許多戲劇性十足的插曲，可堪回味。第一圈三十二強遇上今非昔比的 Peter Ebdon，我發揮非常理想，輕鬆以十比二獲勝，算是自己歷來在克魯斯堡（The Crucible）贏得最有說服力的一仗，也報回十年前四強飲恨的敗辱。晉級後我有約一週時間休息，才出戰第二輪比賽，惟期間不斷出現奇怪事故。先是突然發燒，接著又嚴重落枕，連日來頸痛難當，甚至無法練習，這是我以往從未遇過的慘痛經歷。時間一天一天過去，尚有三日便要上陣參加十六強賽事，遂考慮求助物理治療師，在這個議題上，基夫斯投反對票，其兒子時任教練郭偉恩卻贊成求醫，完全體現出他兩父子一個保守，一個大膽，截然不同的教練風格。

◎克魯斯堡很具特色的一幅牆，上面寫有多年來世界錦標賽冠軍的名字。

最後，我決定搏一搏。在世界桌球總會職員介紹下，這輩子第一次約見物理治療師，對方扭動我的脖子，亦即俗稱「lock 頸」。說真的，我當時有點害怕，但也要鼓起勇氣，否則只有退賽的份兒。接受治療後，最初未見效用，那天晚上仍未能打球，醒來一覺才有好轉，不過只能回復三至四成健康狀態。後來我一直與時間競賽，結果幸可趕及出賽。十六強對著 Anthony Mcgill 我僅得七成功力，每次發力或使用架桿（rest），脖子都很痛，我惟有硬著頭皮，做戲扮作一切如常。我這場比賽終以十三比九過關，並非因打得出色，只是對手表現不濟而已。賽後，頸痛情況已明顯好轉，豈料有天練習時發現「低 cue」後旋有點不尋常，原來是球桿頂的銅圈（又名銅咀）鬆脫。這種情況一名桌球手平均整個生涯只會發生兩次，我則繼 2004 年後第二次中招。銅圈鬆脫需要立即更換，但程序較為複雜，又講究手工技巧，這下子可讓我忐忑不安。一波未平，一波又起。練習期間，外母在英國遇上離奇意外，她在超級市場被一輛電動輪椅撞跌，一隻腳遭輪椅上那位體重達 200 磅的女士連人帶椅重重地壓著，動彈不得。我慌忙取消練習，把外母送往醫院治療，幸好無甚大礙，但還是嚇了一驚。

來到半準決賽與鶴健仕（Barry Hawkins）交鋒，他在上一輪賽事淘汰奧蘇利雲，很大機會因過度亢奮失眠，以致上半場像夢遊一樣，打得一團糟，令我即使發揮一般，也能取得九比一的大幅度領先優勢。休息過後，鶴健仕終於夢醒，回復正常水平，於採用二十五局十三勝制的賽事中追至十一比十二，第二十四局還領先六十比零，扳平在望。其實當時我已打定輸數，我甚至想好出席賽後新聞發布會的台詞呢！之不過，假如在拋離九比一的形勢下真的遭對手翻盤，你叫我情何以堪？怎麼向家人朋友交待？面對不容有失的困局，我把握鶴健仕一次失誤，孤注一擲打出生涯另一桿高難度的「清檯」，

◎每打出一球前，必須要冷靜思考下一步及部署第二步應如何走，才揮動球桿。

一桿打出七十四度，以七十四比六十反勝，奠定總成績
十三比十一的勝局，抹一把冷汗。

幾經波折，睽違十年終能重返世界賽四強對沙比。我在
準決賽與沙比一直鬥得難分難解，戰至七比七平手後，
第十五局我率先上手「起 break」之際，搽 chalk 粉時
竟然擦掉整粒 tip 頭（皮頭），瞬間晴天霹靂，評述員
語塞，全場觀眾驚呆，我已無法掩飾沮喪情緒，立時黑
面。比賽暫停十五分鐘，不懂「換 tip」的我直奔賽事
辦公室求救，幸好找到一位裁判 Paul Collier 為我修補
tip 頭，由於當時《英國廣播公司》全程直播，使 Paul
緊張得雙手發抖。對球員來說，球桿更換新 tip 是大事，
因為需時適應。我冷靜過後，盡量平伏心情，保持集
中力，結果重新開賽後仍順利殺局，首次以八比七反超
前。

之後，繼續爭持激烈，多次戰平，更有兩桿（各人一桿）入選當屆賽事最佳金球前五位。直至第二十四局，大家展開真正拉鋸，竟要打足 76 分 11 秒才分出勝負，從而打破克魯斯堡單局耗時最長紀錄。其實，我和沙比早在 2007 年英國錦標賽也曾合力創造當時電視直播單局最長耗時紀錄——78 分鐘。可惜的是，我在這兩局「馬拉松賽」均憾負而回。結果激戰三日共三十二局後，我還是以十五比十七向沙比稱臣，再次四強止步，被拒於世界賽決賽門外，沒能彌補十年前的遺憾，也錯失與丁俊暉攜手寫下世界賽史上首場「中國打吡」的歷史新一頁。不過，四強這戰績已為我拾回不少信心。

•第十九季•

2016 年世界錦標賽結束後，我在技術上再進行調整，故此在 2016/17 新賽季首三、四個月表現反覆，成績乏善可陳，多項排名賽均遭遇「一輪遊」，直至十一月的英國錦標賽才復甦過來。得到籤運幫助，我在英國錦標賽過關斬將殺入四強硬撼奧蘇利雲，那場賽事我手感不錯，領前五比四手握致勝分（match point）。第十局大好形勢下，我起 break 時先遇靜電，俗語稱為「中 kick」，丟失尾袋紅波，及後在幾乎鎖定勝局之際再打失一致命綠球，放虎歸山，造就奧蘇利雲扳平後再贏得決勝局。結果我以五比六「反勝為敗」，無緣決賽，但整體而言仍得多於失，讓我帶著正面心態迎接季內餘下比賽。

同年十二月的蘇格蘭公開賽算是我職業生涯的代表作，整項賽事我合共轟出十一桿「過百」。冠軍戰遇上狀態火熱兼佔主場之利的希堅斯，他開賽即以狂風掃落葉姿態在前五局打了三桿「過百」，極速獲得四比一的領先

優勢，眼見希堅斯如此強勢，我已作了最壞打算，有可能潰敗如山崩，甚或一比十敗陣。不過完成上半場八局比賽，竟然被我追平四比四，這好比中六合彩般高興，就連擔任電視評述的奧蘇利雲在半場休息時也跟我說：「這種形勢，落後二比六也要偷笑吧！現在取得四比四的和局，你已經可以當贏了！」承 Ronnie 貴言，我在下半場趁希堅斯洩了真氣兼不甚走運的良機下，逐漸掌控大局，愈戰愈勇，卒再連下五城，以九比四奏捷封王。高舉第三座排名賽冠軍獎盃，已少了往昔那份失而復得的激動，取而代之是實在的、平靜的感覺，捧盃時亦懂得擠出自然的笑容，翌日返港還有爸爸、太太和兩個女兒親到機場迎接，溫暖在心頭。

挾蘇格蘭公開賽奪冠餘威，踏入 2017 年首項賽事——倫敦大師賽也有亮眼的演出。首圈十六強我和卓林普（Judd Trump）合演被評為近年大師賽的佳作，我倆都發揮出色，多局一桿制勝；有評論甚至認為卓林普的發揮足以讓他奪冠，可惜他無法通過第一關，最終被我以六比五險勝。賽後我看著分紙，也幾乎被嚇了一跳。然後八強我續有出色表現，罕有地以六比二輕取 Mark Allen 這位頂級球手。準決賽再遇奧蘇利雲，這次是我與「火箭」交手以來，唯一被看好的一次，連自己都感覺信心爆棚。然而劇情跟天氣一樣，往往不似預期。當我領先二比一時，Ronnie 球桿甩 tip 頭，但他換 tip 手工精細，堪稱完美，結果反而令他脫胎換骨，扭轉形勢並最終奠定六比四的勝局。縱然再度緣慳決賽，能夠重返高水平，贏回球迷支持與掌聲令我倍感安慰。

連續多項大賽都有不俗成績，我當然希望在 2017 年世界錦標賽取得突破，不過第一圈就險遇滑鐵盧。首圈三十二強迎戰比利時小將 Luca Brecel 一度落後一比七，形勢告急，幸好下半場及時回勇，卒以十比九完成大逆轉。次圈又在落後劣勢下以十三比十一反勝狀態低

迷的羅拔臣。及至八強對著一個完美的沙比，我以三比十三大敗，不過輸得心服口服。他在第十五局打出單桿143度，超級誇張，每球都是 hard shot，名宿亨特利更以「不可能的任務」來形容這妙絕的一桿，我坐在球員席近距離觀賞亦覺得不可思議，簡直是神一般的過百！敗給一位當今最出色球手的桿下，實在無話可說。

以世界賽八強的戰績來為職業生涯的第十九季劃上句號，雖不完美，卻沒遺憾。馬不停蹄，我馬上就要迎接第二十季。人生有幾多個十年？不多。何況是二十年？與其說期待，不如說感激，感激桌球與我都選了對方。

片段重溫

時間：3:11:58
2016 年英國錦標賽第十局失去的一球。

片段重溫

2016 年蘇格蘭公開賽反超前的第九局。

◎ 常到外地比賽女兒不在身邊，這電話殼可以讓我望梅止渴。

◎ 太太與兩個女兒為我打了一枝強心針。

香港人
可能嗎

體育發展最重要是穩扎的基礎。青少年基層訓練往往決定推動該項目的成效，發掘到有潛質的年輕小將，亦要憑藉天時、地利與人和的配合，才能孕育出世界級優秀球員。桌球自 1997 年 4 月正式被列為香港體育學院精英體育項目後，確實令本港桌球水平明顯提升，近年更不乏具天份的年輕運動員湧現，關鍵是如何抵住周遭的誘惑與選擇，純粹並專注地透過訓練與比賽，不斷提升自己。

作為老球員，其實我沒有更多的話要說，始終未來世界是年青球員的，應給予足夠空間讓他們盡情發揮。如果要我總結以往「問題少年」的歲月，我會說那是讓我打穩踏進職業球圈的根基，結論是主動求教。當初接觸桌球時，所有事情對我來說都十分新奇，尋求桌球技巧與知識就像一場歷險，總是樂趣無窮。看到球技比自己好的人、或是從未見過的打法時，我會每事問、不斷問，就像我的啟蒙師傅「洪七公」所傳授的錦囊一樣：「not enough」。要成為頂尖球員，必須永遠求變求進步。桌球手是很主觀的，總認為自己一套打法才是最好。不過，當你認為是對手阻礙你前進時，要留意不願接受外來聲音是否才是真凶。

● 青黃不接 ●

1998年曼谷亞運會開始，香港桌球已露出曙光，惟距今近二十年，港隊中流砥柱依然是那些常見的名字……即使有新晉球手出現，甚至已轉為全職運動員，可是打法仍欠全面，他們理應贏得更多賽事，甚或超越上一輩港將成績。明顯地，青黃不接已成香港桌球隊的憂慮。

◎ 很多香港運動員為香港體壇不斷努力，希望香港政府可以提供更多協助，才能讓孕育出更多出色的運動員。

誠然，不止香港桌球出現青少年球員未能接軌的問題，感覺整個球壇亦如是。就像丁俊暉，他雖能撐起中國「旅英」代表團，但目前在職業球圈打滾的國內球員卻跟小暉水平距離甚遠。就連盛產桌球天才的英倫三島亦有類似情況，近年就只有卓林普較為耀眼，其他小將均未見標青，更遑論誕生奧蘇利雲及希堅斯等殿堂級好手的接班人。

綜觀全球體育界，我喜歡欣賞的網球賽事也彷彿處於輝煌盛世，男單的天下依然由「四大天王」費達拿（Roger Federer）、拿度（Rafael Nadal）、祖高域（Novak Djokovic）及梅利（Andy Murray）所統領。五年後，

不論桌壇還是網壇，又會是何等景象呢？正正因為目前沒有明顯接班人，這才令事情變得有趣，這代表人人都有機會，假如你準備好的話。

平時我有留意本地年青球手，希望分享自己的心得，但我總不能強迫他人聽取個人意見吧。目前香港新一代球員中，要數張家瑋及譚潤峰給予我較深印象。張家瑋具備潛質毋庸置疑，左、右手都能打球，出 cue 靚又準，天份頗高，是絕對的全攻型球手，惟防守與選球思維方面仍有待琢磨。至於譚潤峰打法較為平實，相對風格及表現更為可靠及穩定。港青中當然還有其他可造之材，惟培訓環境與球員本身的造化，均是能否成功躋身頂尖職業桌球行列的關鍵，缺一不可。

◎如果香港政府只因亞運會剔除桌球，而放棄對香港體育學院精英項目的資助，這實在是萬分可惜。

● 香港體育發展　目光要更遠大 ●

香港桌球自成為體院精英項目以來，成績一直名列前茅，是繼乒乓球外於體院計分制度下「爆分」的隊伍。在依然被納入亞運項目的年代，我們英式桌球隊連續在1998年曼谷、2002年釜山、2006年多哈以及2010年廣州舉行的賽事中多番創造佳績，獎牌總數達四金三銀兩銅，成績有目共睹。香港桌球在體院資助下，水平同樣獲得長足進步。可是，香港體育發展的缺點，正正就是僅著眼於亞運及奧運等大型綜合運動會之上。如果香港桌球只因亞運會剔除桌球，而失去香港體育學院精英項目的資助，這實在是萬分可惜，也浪費之前已埋下多年的種籽，包括近年屢獲佳績的青少年代表等。續留精英體育項目，當然是香港桌球隊最大心願。其次，是盼體院能投放更多資源在運動員身上，而非過多落入行政方面，資助能更加用得其所，這都是我最樂見的未來香港體壇。

同時，只懂放眼大型綜合運動會的目光，其實對香港體育發展構成重大障礙。單看英國體育發展水平，不止局限於奧運上，即使非奧運項目如賽車，以至高爾夫被納入奧運前，同樣得到很大重視及推動，我認為要發展不同種類的體育運動，這樣才能真真正正稱為體育強國。就算中國在奧運贏得不少金牌，其中大部份來自跳水、舉重、乒乓球及體操等等「獎牌大戶」，那與全面提升體育水平亦未必有直接關係。

要提升本地桌壇水準，其實最需要有更多球員躋身職業圈子，因為這才是桌球界最高質素的指標。身處香港社會，要轉戰職業的話，一點也不容易。除了必須得到政府更多資助，應付大量海外訓練外，球手本身能否適應長居英國的生活，同樣是考慮因素。香港體育學院目前提供很好的設施及支援予桌球代表隊成員，硬件上已經很先進，惟軟件仍有不足，主要是嚴重欠缺與高水平球員的對練。英國本土球手實力不用懷疑，他們的訓練沒有借助任何高科技儀器，奧蘇利雲不會全身貼滿數據分析的電線，量度出 cue 力度及幅度以作改善。頂級球員只會不斷重複在球檯上練習，因為很多事情非科技能夠取代，訓練環境及氛圍對桌球手而言尤其重要。

個人方面，自律可能是大部份人的成功之道。高手如 2010 年世界冠軍羅拔臣接受訪問時亦承認，曾因沉迷電子遊戲、經常通宵達旦打機而嚴重影響練習，於中國比賽時因「四、五天不能上網而感燥怒」。我經常提醒自己，別因外面的花花世界令自己失去對桌球的熱誠和專注度（當年的我曾愛籃球多過桌球）。勤力肯定是成功的必備條件之一，要時刻擁有令自己進步的決心，不停將個人水平提高，不過並非單純計算練習時間多寡，反而訓練質量及磨練心態才更為關鍵。

除了球技，長時間旅居外地的生活是否愜意都不容忽視，因這直接影響職業路上的發展。以往不少來自文化背景截然不同的亞洲球手，便因無法解決思鄉情緒及適應英國生活，最終無奈放棄職業桌球員生涯。對香港小將來說，語言溝通可能因為跟隨港隊總教練郭偉恩（Wayne Griffiths）多年而不成問題，這絕對是我們的相對優勢。若盼投身職業球圈，他們便要考慮其他因素，譬如住屋、練習地方、身邊朋友圈、飲食等……還有其他預計不到的難關。難關難過關關過，把難關一一跨過，踏入職業球員行列便指日可待。我不知道「認真便輸了」是否正確，但要贏職業桌球賽，你一定要認真，甚至要作出所謂的犧牲——例如為求適時轉戰職業，我放棄升讀大學。你……願意嗎？你們願意成全你的子女嗎？

他們眼中的傅家俊

梁漢文 …眼中的傅家俊

「傅家俊是一個斯文有禮、比賽時亦表現很冷靜的人。作為一個桌球迷，最深刻是曾與傅家俊交手的那一次，開始時我跟他說了一句：『喂，認真同我打一次得唔得？』。結果，那一場比賽他只用了三 cue 便清檯，真的令我大開眼界。」

胡楓 …眼中的傅家俊

「傅家俊的每一場賽事，我都幾乎有追看，我很欣賞他，因為他在桌球運動上為港增光。特別難忘的是他 2016 年蘇格蘭公開賽與希堅斯決賽的一場。即使當日狀態未如理想，只要夠定、不忙亂，特別於緊張關頭先深呼吸及思考，必定可以順利度過逆境。Marco 繼續努力，總之淡淡定定，有錢剩！」

下個二十年

即將踏入職業生涯第二十個年頭，縱然老套，但不得不說句：「光陰似箭，日月如梭。」許多事情就像昨天發生一樣，不少細節依然記得清清楚楚。嚐過甜、酸、苦、辣以後，下個二十年又會是怎樣⋯⋯

回顧過去十九個寒暑，桌球圈中不乏一帆風順、步向青雲的球員；成績慘不忍睹、排名停滯不前的亦大有人在。我會形容自己處於中游位置，「比上不足，比下有餘」正好是我在職業球壇生存近廿載的境況。四字足以道盡我的心聲──超額完成。當初投身職業桌球壇，我曾經

定下世界排名前六十四位這目標。儘管在球圈經歷高低起跌，但直至今年將以歷史新高第六位展開 2017/18 年個人第二十個新球季，我只能說：「賺晒。」

桌球成績單以外，最令我感恩是多年來都能夠在「夢工場」上班，登上世界桌球舞台，做自己喜歡的工作，也喜歡做自己的工作。我絕不是炫耀，只是格外珍惜既能在球檯上賺取生活費用，同時也能達成童年心願這份福

◎若非在桌球路上遇到幾位好教練，我肯定自己早已高掛球桿，帶著遺憾地離開球壇。

氣。即使接近二十個年頭當中，遇過不少艱難時期，然而哪有一份工沒有困難、哪有一帆風順的人生呢？所以對於目前的職業，我確實知足。起碼即將二十年後的今天，我仍能在個人最感自信的領域上，可以無後顧之憂地奮鬥著，兼且具備一定能力去追逐理想。環顧同期的精英選手，大部份因為各自不同原因，要不已結束運動員生涯、要不已經轉型。自己則依舊幹著從小熱愛的工作，我還能作出投訴嗎？曾經聽說不少外界評論指，我可以在職業球圈中獲取更好的成績、更高的成就，我反而覺得現時擁有的一切，已經比預期好很多倍。若非在桌球路上遇到幾位好教練，我肯定自己早已高掛球桿，帶著遺憾地離開球壇。

• 147 的下半場 •

信佛令我心境平和，但並未有除去挑戰桌球的進取心。回望這十九年的職業路，其實我比起很多球員都大膽，敢於作出變動，絕不安於現狀。尤其是尋求技術改進方面，我會不停尋找教練的幫助，勇於作出新嘗試。相比很多球員寧願穩穩陣陣，一生都沿用同一套波，我認為自己顯得份外積極，因為我深信改變才能突破。愛拼才會贏，肯搏才有機。哪怕可能逼自己陷入退休危機，但同時也是令自己可能大步向前的契機；擁有如此膽量，足證我絕非消極，只是另類拼搏而已。

踏入 2017/18 年個人第二十個職業球季，可謂球員生涯的里程碑。由於早年表現不穩，導致首十九年內的季終排名只有九季成功躋身前十六位。近年發揮漸趨穩定，我已經連續四季以前十六名種子身份參賽，剛過去的 2016/17 球季更以歷史高位第六完成。所以進入新階段，我的目標亦有所提高，盼在排名方面坐八望四。能夠躋身世界排名前四的球員，其實是屬於另一水平，

與之下的絕對是兩個不同層次。絕大部份人都誤會，世界前百位職業球手的技術很接近，事實並非如此。單是前四位，跟第五至八位的好手已屬不同級數。外界以為每位職業球手都能打出一桿過百，高下只在於心理素質，其實是大錯特錯，技術分野可真的很大，兩者其實屬於完全不同境界。因此，我的 147 下半場最渴望的便是「升呢」！

往後二十年將發生何事，相信只有天知、地知，很多事情都無法預測或控制，但我最想繼續伏在球檯上打下去。此刻不能估計球員壽命還有多久，我尚未考慮何時退役，最重要是目前得到家人無限量支持。既然心裡那團火仍然在燃燒，當然希望還能夠做自己喜歡的工作。目前職業賽事比過往多，即使當上「兼職」球手也有很多比賽可以選擇，不像以前每季僅得六項賽事，當職業球手卻連參加賽事的選擇權都沒有。

• 147 以後 •

總有一天，我要退下來。有時，我會問自己下一站去哪？究竟運動以外，我還有甚麼技能呢？我不肯定，但我最希望當教練，指導小朋友、年青人打桌球，把桌球帶入學校，在基層推動桌球發展。我不一定要帶領香港代表隊，也不到我說帶就帶，即使在學校內教授基本知識及技術，我都十分樂意。香港是我家，我總覺得有一份責任、使命，把個人在桌球檯上經歷及獲取的東西，好好的傳承下去，為本港桌球壇做點事兒。創辦桌球學校是我多年來的夢想，可惜香港嚴峻的土地供應問題，以及其牢不可破的本地體育文化，都令現階段難以實現這個夢想。始終辦校賺取金錢並非我首要目的，只盼能以個人能力做一點幫助他人的事情。

或許有些朋友認為我順口開河，其實在桌球本項之外，我真的希望從事廣泛的體育推廣及公關工作。是否具備這方面才能仍是未知之數，但我的確很喜歡運動。眼見香港跟其他國家地區在體育文化的重大落差，更加強我對推動體育的欲望。體育對一個社會的重要性，不單是帶來輝煌成績，或帶動經濟發展，這些都只是具體實質的效益。於我而言，體育能夠令人民身體健康、建立正面積極的心態，這才最具意義。

馬不停蹄的旅英比賽生活，難免出現思鄉想家的負面情緒，尤其當父母妻女留在香港的時候，更加令長時間在外地比賽的我，心情容易出現起伏。不過，我還是希望在我的 147 下半場繼續向前衝，令自己的職業桌球生涯不留遺憾。直至一天欠缺競爭能力，或者是家人需要我停下來，縱有不捨，我仍會毫不猶豫地、勇敢地面對前方的新挑戰，克服轉型必會帶來的恐懼。感謝所有讀到這裡的讀者，祝您們下個二十年繼續幸福快樂，共勉之。

家人的無私支持，是我最大的推動力

0·1·2·3·4·5·6·7·8·9·10·11·12·13·14·15·16·17·18·19·20

傅家俊

• 1998 年轉戰職業賽 •

最高世界排名：第 5（2017 年 6 月）
一桿滿分 147 度：4 次（截至 2017 年 5 月）
一桿過百：452 次（截至 2017 年 5 月）
排名賽冠軍：3 次
小型排名賽冠軍：1 次
非排名賽冠軍：4 次

• 業餘賽主要戰績 •

1995 年 加拿大西岸桌球公開賽 冠軍
1997 年 香港桌球公開賽 冠軍
        香港桌球超級聯賽 冠軍
        世界業餘桌球錦標賽 冠軍
        世界 U21 桌球錦賽 冠軍

• 大型運動賽事主要戰績 •

亞運會
1998 年（曼谷）隊際金牌
2002 年（釜山）隊際金牌、雙打銀牌
2006 年（多哈）隊際銀牌、雙打銀牌
2010 年（廣州）單打金牌

東亞運動會
2009 年（香港）隊際金牌

● 職業賽主要戰績 ●

排名賽（3 冠 5 亞）

成績	年份	賽事	決賽對手	決賽比數
亞軍	1998 年	格蘭披治桌球賽	李爾	2：9
冠軍	2007 年	格蘭披治桌球賽	奧蘇利雲	9：6
亞軍	2008 年	英國錦標賽	梅菲	9：10
亞軍	2013 年	德國大師賽	卡達	6：9
冠軍	2013 年	澳洲公開賽	羅拔臣	9：6
亞軍	2013 年	International Championship	丁俊暉	9：10
冠軍	2016 年	蘇格蘭公開賽	希堅斯	9：4
亞軍	2017 年	Players Championship	卓林普	8：10

小型排名賽（1 冠 2 亞）

成績	年份	賽事	決賽對手	決賽比數
亞軍	2012 年	UK PTC Event 3	Rod Lawler	2：4
亞軍	2013 年	Bluebell Wood Open	Ricky Walden	3：4
冠軍	2015 年	直布羅陀公開賽	Michael White	4：1

非排名賽（4 冠 3 亞）

成績	年份	賽事	決賽對手	決賽比數
冠軍	2003 年	Premier League Snooker	威廉斯	9：5
亞軍	2003 年	Euro-Asia Masters Challenge	杜靴迪	2：5
冠軍	2004 年	World Champions VS Asia Stars Challenge	希堅斯	5：1
冠軍	2007 年	泰國大師賽	Issara Kachaiwong	5：3
亞軍	2008 年	Huangshan Cup	卡達	3：5
冠軍	2010 年	Championship League	艾倫	3：2
亞軍	2011 年	倫敦大師賽	丁俊暉	4：10

● 其他個人榮譽 ●

1999 年 WPBSA 年度最佳新秀

1999 年 WSA 年度最佳青年球員

2000 年香港特區政府榮譽勳章（MH）

2017 年獲任為太平紳士

四度當選香港傑出運動員（2000 年、2007 年、2008 年、2010 年）

147
人生
Marco Fu
傅家俊

作者
傅家俊　FB@marcofuofficial

撰寫
黃穎釧

編輯
陳恩能、Alvin Lam

美術設計
Amelia Loh

出版者
知出版社
香港鰂魚涌英皇道1065號東達中心1305室
電話：2564 7511
傳真：2565 5539
電郵：info@wanlibk.com
網址：http://www.wanlibk.com

發行者
香港聯合書刊物流有限公司
香港新界大埔汀麗路36號
中華商務印刷大廈3字樓
電話：（852）2150 2100
傳真：（852）2407 3062
電郵：info@suplogistics.com.hk

承印者
百樂門印刷有限公司

出版日期
二零一七年七月第一次印刷